kochen & genießen

Heimatküche

MOEWIG

„Gelingt immer!" steht auf dem Garantie-
siegel des Buchcovers. Dieser Qualitätsanspruch
ist uns wichtig, damit bei Ihnen zu Hause
auch wirklich alles reibungslos klappt. **Dafür
wird jedes Rezept von unserer Redaktion
mehrfach getestet.** Ernährungswissenschaftler
kochen und backen die Rezepte in unserer
Versuchsküche nach. Die Foodstylisten verwenden für die Fotos nur echte Lebensmittel, damit
alles natürlich ist und auch so aussieht. Nur
wenn die Rezepte perfekt gelingen, veröffent-
lichen wir sie. Dafür steht unser Siegel.

Moewig ist ein Imprint der Edel Germany GmbH

© Edel Germany GmbH, Neumühlen 17, 22763 Hamburg
www.moewig.de | www.edel.com
2. Auflage 2017

Redaktion kochen & genießen:
Chefredaktion: Jessika Brendel
Konzeption, Text & Redaktion: Stefanie Reifenrath
Redaktion: Angela Berger
Schlussredaktion: Silke Schlichting
Grafisches Konzept & Layout:
Caro Flohr, flohrdesign
Illustrationen: Caro Flohr, flohrdesign
Fotos: Redaktionsagentur Food & Foto, Hamburg;
S. 106: Fotolia/Magnum (1)
S. 124: BESH/Simon Eymann (1), Fotolia/Marius Graf (1),
iSTOCKPHOTO/LianeM (1), www.food-from-bavaria.de (1)
S. 125: Fotolia (3): Pescatore (1), photocrew (2)
S. 144: istock (1)
S. 166–167: Redaktionsagentur deco & style; Syntje Krause (Ltg.) (6)

Druck & Bindung:
optimal media GmbH, Glienholzweg 7,
17207 Röbel/Müritz

Printed in Germany

ISBN 978-3-86803-603-9

Von der Waterkant bis an den Alpenrand

So manch seliger Seufzer ging durch unsere Versuchsküche, als wir die mehr als 173 Rezepte für dieses Buch auf ihr Gelingen geprüft haben: „Mmh, das duftet ja herrlich, ganz wie zu Hause…"

Für die vorliegende Sammlung haben wir uns auf eine kulinarische Reise durch deutsche Lande begeben und dabei wieder mal festgestellt: So vielfältig die Natur zwischen norddeutscher Tiefebene und Zugspitze, so bunt und abwechslungsreich präsentiert sich auch die „Heimatküche". An der Nordsee ließen wir uns gebratene Scholle mit Krabben schmecken, im Rheingau lockte ein Rieslingbraten mit Kräuterspätzle, und hoch auf der Alm gab es natürlich „a resche Haxn" – mit Kraut und Knödeln.

Die schönsten regionalen Klassiker haben wir von unserem Streifzug mitgebracht und in Kapiteln wie „Gruß von der Küste", „Zu Gast beim Winzer" oder „Wie auf der Berghütte" für Sie zusammengestellt. Dazu geben wir jede Menge praktischer Tipps und erläutern die wichtigen Handgriffe, damit alles auch perfekt bei Ihnen zu Hause gelingt.

Kaum etwas kann ein so starkes Gefühl von Geborgenheit vermitteln wie ein gutes Essen. Wir hoffen, dass wir Ihnen mit dieser Auswahl auch viele kostbare Momente der Erinnerung bescheren: an die Kindheit oder einen Urlaub in unserer wunderschönen Heimat.

Viel Spaß beim Nachkochen, Schlemmen und Schwelgen wünscht Ihnen

**Ihre Redaktion
kochen & genießen**

AUS DEM WALD S. 126

WIE AUF DER BERGHÜTTE S. 144

IN DER BACKSTUBE S. 168

Gutes vom Bauernhof

Wenn der Hahn schon vor Sonnenaufgang lautstark sein „Kikeriki" ertönen lässt, beginnt auf dem Lande das Leben: Die Tiere müssen versorgt werden, die Felder bestellt, Haus und Hof in Ordnung gehalten – Arbeit gibt es hier wahrlich genug.

Wie in alten Tagen versammeln sich dann zur Mittagszeit alle in der Küche, um sich ordentlich zu stärken, am liebsten mit klassischer Hausmannskost vom Huhn oder Schwein – wie herrlich, wenn alles aus eigener Aufzucht stammt! Kohlrouladen, Hühnerfrikassee, Kasseler oder Blutwurst, kräftig und deftig muss es sein, schließlich ruft danach auch schon wieder die Arbeit. Umso schöner, diese kleine Auszeit gemeinsam um den rustikalen Tisch zu genießen …

Fleischterrine mit Cognacpflaumen
Rezept auf Seite 10

Hält sich
im Kühl-
schrank
4–5 Tage

REZEPT zu Seite 9

Fleischterrine mit Cognacpflaumen

ZUTATEN FÜR 4–6 PERSONEN

FÜR DIE FLEISCHTERRINE

- ♥ 1 Zwiebel ♥ 1 Knoblauchzehe ♥ 1 TL Öl
- ♥ 5 ungebrühte feine Bratwürste (ca. 550 g)
- ♥ 350 g Hähnchenfilet ♥ 350 g Schweinefilet
- ♥ 60 g Pistazienkerne ♥ Salz ♥ Pfeffer
- ♥ Öl für die Form
- ♥ 20 Scheiben Frühstücksspeck (Bacon)

FÜR DIE COGNACPFLAUMEN

- ♥ 1 TL Gemüsebrühe (instant) ♥ 200 g getrocknete Softpflaumen ♥ 2 EL Cognac

1 FÜR DIE TERRINE Zwiebel und Knoblauch schälen, fein würfeln. Öl in einer Pfanne erhitzen. Zwiebel und Knoblauch darin andünsten. Herausnehmen, abkühlen lassen. Wurstbrät aus der Haut in eine große Schüssel drücken. Hähnchenfilet abspülen. Gesamtes Fleisch trocken tupfen und in kleine Stücke schneiden. Mit Pistazien, Zwiebel und Knoblauch zum Brät geben, alles gut mischen. Mit Salz und Pfeffer würzen.

2 Eine Kastenform (30 cm lang; ca. 2½ l Inhalt) dünn mit Öl ausstreichen. Die Längsseiten so mit Speckscheiben auslegen, dass sie zu ca. ¼ über den Formrand ragen. Fleischmasse in die Form streichen. Überstehenden Speck darüberklappen. Im vorgeheizten Ofen (E-Herd: 175 °C/Umluft: 150 °C/Gas: s. Hersteller) ca. 1¼ Stunden backen.

3 FÜR DIE PFLAUMEN 400 ml Wasser, Brühe und Pflaumen aufkochen und ca. 10 Minuten dicklich einkochen lassen. Cognac einrühren. Abkühlen lassen.

4 Terrine aus dem Ofen nehmen. In der Form ca. 15 Minuten abkühlen lassen. Sud abgießen, Terrine vorsichtig aus der Form stürzen und in Scheiben schneiden. Mit Cognacpflaumen anrichten. Dazu schmecken Bratkartoffeln. Die Terrine schmeckt auch kalt gut.

ZUBEREITUNGSZEIT ca. 2 Std.
PORTION ca. 680 kcal · E 45 g · F 44 g · KH 20 g

♥

Gutsherrenpfännchen mit Pilzhollandaise

ZUTATEN FÜR 4 PERSONEN

- ♥ 1 Stange Porree
- ♥ 800 g kleine Champignons
- ♥ 400 g Putenbrustfilet
- ♥ 400 g Schweinefilet
- ♥ 400 g Rinderfilet ♥ 2 EL Öl ♥ Salz ♥ Pfeffer
- ♥ 100 g Schlagsahne
- ♥ 1 Beutel „Zubereitung für Sauce Hollandaise" (für 125 g Butter)
- ♥ 50 g kalte Butter ♥ 100 g Gouda (Stück)

1 Porree putzen, waschen und in Ringe schneiden. Pilze putzen und waschen. Putenbrust waschen und das gesamte Fleisch trocken tupfen. Putenbrust in 8, Schweine- und Rinderfilet jeweils in 4 Scheiben schneiden.

2 1 EL Öl in einer Pfanne erhitzen. Fleisch darin portionsweise von jeder Seite ca. 2 Minuten braten. Mit Salz und Pfeffer würzen. Herausnehmen.

3 1 EL Öl im Bratfett erhitzen. Pilze darin ca. 5 Minuten kräftig anbraten. Porree zufügen und ca. 2 Minuten weiterbraten. Gemüse in vier kleine gefettete Auflaufförmchen oder eine große Form verteilen.

4 Bratsatz mit Sahne und 100 ml kaltem Wasser ablöschen. Soßenpulver einrühren, unter Rühren aufkochen. Butter in Stückchen unterschlagen. Soße über das Gemüse gießen. Jeweils 2 Scheiben Putenfilet und je 1 Scheibe Rinder- und Schweinefilet darauflegen. Käse grob reiben und darüberstreuen. Im vorgeheizten Backofen (E-Herd: 200 °C/Umluft: 175 °C/Gas: s. Hersteller) ca. 20 Minuten überbacken. Dazu schmecken Schupfnudeln.

ZUBEREITUNGSZEIT ca. 1 Std.
PORTION ca. 650 kcal
E 82 g · F 32 g · KH 4 g

Rheinisches Durcheinander mit Fleischwurst

ZUTATEN FÜR 4 PERSONEN

- ♥ 1 kg Kartoffeln ♥ Salz
- ♥ 5 Eier
- ♥ 100 g geräucherter durchwachsener Speck
- ♥ 2 Zwiebeln
- ♥ 250 g Champignons
- ♥ 1 Eisbergsalat ♥ Pfeffer
- ♥ 250 ml Milch
- ♥ 4 EL Butter ♥ Muskat
- ♥ 1 Fleischwurst (ca. 400 g)
- ♥ 1 EL Butterschmalz

1 Kartoffeln schälen, waschen und in Salzwasser ca. 20 Minuten kochen. Eier hart kochen und abschrecken.

2 Speck würfeln. Zwiebeln schälen und ebenfalls in Würfel schneiden. Pilze putzen, waschen und halbieren. Salat putzen, waschen und in feine Streifen schneiden.

3 Speck in einer Pfanne ohne Fett knusprig braten. Zwiebeln und Pilze zufügen und ca. 5 Minuten mitbraten. Mit Salz und Pfeffer würzen.

4 FÜR DAS PÜREE Kartoffeln abgießen. Milch und Butter zufügen. Kartoffeln mit einem Kartoffelstampfer fein stampfen. Mit Salz und Muskat abschmecken.

5 Eier schälen und in Spalten schneiden. Mit Speckmischung und Salatstreifen unter das Püree heben. Püree warm stellen.

6 Wurst aus der Haut lösen und in Scheiben schneiden. Butterschmalz in einer Pfanne erhitzen. Wurstscheiben darin von beiden Seiten braun braten. Püree mit Wurst anrichten.

ZUBEREITUNGSZEIT ca. 50 Min.
PORTION ca. 830 kcal
E 31 g · F 61 g · KH 34 g

Hühnerfrikassee

ZUTATEN FÜR 4–6 PERSONEN

- ♥ 1 Bund Suppengrün ♥ 1 Zwiebel
- ♥ 1 küchenfertiges Hähnchen (ca. 1,4 kg)
- ♥ Salz ♥ 2 Lorbeerblätter ♥ 1 TL Pfefferkörner
- ♥ 500 g weißer Spargel ♥ 3 Möhren
- ♥ 250 g Champignons ♥ 150 g TK-Erbsen
- ♥ 60 g Butter ♥ 3 gehäufte EL (60 g) Mehl
- ♥ 200 ml trockener Weißwein
- ♥ 200 ml Milch ♥ Pfeffer ♥ Zucker
- ♥ 2 TL Zitronensaft ♥ Worcestersoße

1 Suppengrün putzen bzw. schälen, waschen und grob zerkleinern. Zwiebel schälen und halbieren. Hähnchen gründlich waschen. Alles mit 1 TL Salz und Gewürzen in einen großen Topf geben.

2 Gut 2,5 l kaltes Wasser angießen, sodass das Huhn bedeckt ist. Aufkochen, dabei den entstehenden Schaum abschöpfen. Zugedeckt ca. 2 Stunden köcheln.

3 Spargel waschen, schälen und die holzigen Enden abschneiden. Möhren schälen und waschen. Spargel in Stücke, Möhren in Scheiben schneiden. Pilze putzen, waschen und halbieren

4 Hähnchen aus der Brühe heben und etwas abkühlen lassen. Brühe durchsieben. Spargel und Möhren darin ca. 12 Minuten, Pilze und gefrorene Erbsen ca. 5 Minuten garen. Gemüse abgießen, Brühe dabei auffangen und 600 ml abmessen (Rest Brühe anderweitig verwenden; s. Tipp). Vom Huhn die Haut entfernen. Fleisch von den Knochen lösen, in Stücke schneiden.

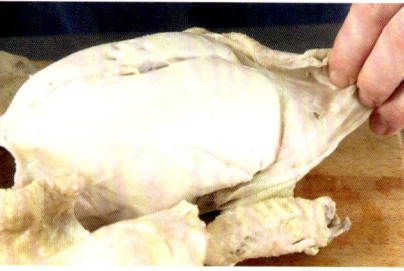

5 FÜR DIE SOSSE Butter in einem großen Topf erhitzen. Mehl darin hell anschwitzen. Wein, die abgemessene Brühe und Milch einrühren. Alles aufkochen und unter Rühren ca. 5 Minuten köcheln. Mit Salz, Pfeffer, 1 Prise Zucker, Zitronensaft und einigen Spritzern Worcestersoße abschmecken. Gemüse und Fleisch vorsichtig unter die Soße rühren und erhitzen. Dazu schmeckt Reis.

ZUBEREITUNGSZEIT ca. 3 Std.
PORTION ca. 540 kcal
E 31 g · F 34 g · KH 19 g

BRÜHE FÜR DEN VORRAT

Die übrige Hühnerbrühe auskühlen lassen und einfrieren (z. B. portionsweise à 250 ml). So haben Sie stets einen tollen Hühnerfond für Suppen, Soßen oder Risotto griffbereit.

Spanferkelrücken mit Biersoße und Brezenknödeln

ZUTATEN FÜR 4–6 PERSONEN

- ♥ 1,5 kg Spanferkelrücken (mit Schwarte, auf Knochen; beim Fleischer vorbestellen)
- ♥ Salz ♥ Pfeffer
- ♥ 8 Zwiebeln
- ♥ 5–6 Laugenbrezen, -brötchen oder -stangen (ca. 250 g)
- ♥ 1 TL + 2 EL Butter ♥ 250 ml Milch
- ♥ 500 ml dunkles Hefeweizen
- ♥ 1,2 kg Wirsing ♥ 100 g Schlagsahne
- ♥ 2 Eier (Gr. M) ♥ Muskat ♥ Zucker

1 FÜR DAS SPANFERKEL Fleisch waschen, trocken tupfen und die Schwarte mit einem scharfen Messer (oder einem sauberen Cuttermesser) gitterförmig einschneiden. Mit Salz und Pfeffer einreiben und auf einem Rost über die Fettpfanne des Backofens legen. Zwiebeln schälen. 5 Zwiebeln vierteln und auf der Fettpfanne vertei-

len. Im vorgeheizten Backofen (E-Herd: 175 °C/Umluft: 150 °C/Gas: s. Hersteller) ca. 2 Stunden braten.

2 FÜR DIE KNÖDEL Laugengebäck klein würfeln. 2 Zwiebeln fein würfeln. 1 TL Butter erhitzen. Zwiebelwürfel darin glasig dünsten und zum Laugengebäck geben. Milch erhitzen, darübergießen und ca. 1 Stunde einweichen.

3 Nach ca. 1 Stunde Bratzeit den Braten mit der Hälfte Bier und 125 ml leicht gesalzenem Wasser begießen. Nach weiteren 30 Minuten Rest Bier und 125 ml Wasser angießen.

4 FÜR DEN WIRSING Kohl putzen, waschen, in Streifen vom Strunk schneiden. 1 Zwiebel fein würfeln. 2 EL Butter in einem großen Topf erhitzen. Zwiebel und Wirsing darin andünsten. Sahne zugießen. Kohl zugedeckt bei mittlerer Hitze ca. 20 Minuten schmoren. Mit Salz und Pfeffer würzen.

5 FÜR DIE KNÖDEL Laugengebäckmasse und Eier verkneten. Mit Salz, Pfeffer und Muskat würzen. Mit

angefeuchteten Händen ca. 8 Knödel daraus formen. Reichlich Salzwasser in einem weiten Topf aufkochen. Knödel darin bei schwacher Hitze ca. 15 Minuten gar ziehen lassen.

6 Spanferkel herausnehmen. Bratenfond durch ein Sieb in einen Topf gießen. Aufkochen und ca. 5 Minuten einkochen. Mit Salz, Pfeffer und 1 Prise Zucker abschmecken. Fleisch samt Kruste vom Knochen schneiden. Mit Wirsing und Knödeln anrichten.

ZUBEREITUNGSZEIT ca. 2½ Std.
PORTION ca. 600 kcal
E 56 g · F 23 g · KH 33 g

KRUSTENTIPP

Wenn die Schwarte am Ende der Bratzeit noch nicht knusprig genug ist, schalten Sie für einige Minuten den Backofengrill ein.

Herzhafte Kohlrouladen

ZUTATEN FÜR 4 PERSONEN

- ♥ 1 Brötchen (vom Vortag)
- ♥ 1 großer Weißkohl ♥ Salz ♥ 1 Zwiebel
- ♥ 500 g gemischtes Hack ♥ 1 Ei
- ♥ Pfeffer ♥ Edelsüßpaprika
- ♥ 50 g geräucherter durchwachsener Speck
- ♥ 1–2 EL Butterschmalz ♥ 1 TL Kümmel (ganz)
- ♥ 2 TL klare Brühe ♥ 1 EL Mehl
- ♥ Küchengarn

1 Brötchen in kaltem Wasser einweichen. Kohl putzen, waschen und den Strunk keilförmig herausschneiden. Kohl in reichlich kochendem Salzwasser ca. 10 Minuten blanchieren. Kohl herausheben und 8 große Blätter ablösen. Erneut ca. 10 Minuten blanchieren und weitere 8 Blätter ablösen. Die dicken Blattrippen flacher schneiden und jeweils 2 Blätter überlappend aufeinanderlegen.

2 FÜR DIE FÜLLUNG Zwiebel schälen und fein würfeln. Hack, ausgedrücktes Brötchen, Zwiebel, Ei, Salz, Pfeffer und Edelsüßpaprika verkneten.

3 Hackmasse auf die Kohlblätter verteilen. Erst die Blattseiten seitlich etwas einschlagen, dann die Blätter aufrollen und festbinden.

4 Speck in Streifen schneiden. Butterschmalz in einem großen Schmortopf erhitzen. Speck darin anbraten. Rouladen zufügen und rundherum kräftig anbraten. 500 ml Wasser, Kümmel und Brühe zufügen. Zugedeckt ca. 45 Minuten schmoren.

5 Rouladen herausnehmen und warm stellen. Fond aufkochen. Mehl und 2 EL Wasser glatt rühren, in den Fond rühren und ca. 5 Minuten köcheln. Mit Salz und Pfeffer abschmecken. Dazu passen Salzkartoffeln.

ZUBEREITUNGSZEIT ca. 1 ½ Std.
PORTION ca. 560 kcal
E 31 g · F 40 g · KH 15 g

Stubenküken mit Vierländer Gemüse

ZUTATEN FÜR 4 PERSONEN

- ♥ 4 bratfertige Stubenküken oder 2 kleine Hähnchen (ca. 1,5 kg)
- ♥ Salz ♥ Pfeffer
- ♥ 2 Zwiebeln
- ♥ 300 g Champignons
- ♥ 2–3 EL Butterschmalz
- ♥ 1–2 TL Hühnerbrühe (instant)
- ♥ 500 g weißer Spargel
- ♥ 500 g Bundmöhren
- ♥ 1 kleiner Blumenkohl ♥ Zucker
- ♥ 200 g TK-Erbsen ♥ 2 EL Butter
- ♥ 1 Töpfchen/Bund Kerbel ♥ Küchengarn

1 Stubenküken waschen und trocken tupfen. Innen und außen mit Salz und Pfeffer würzen. Keulen und Flügel zusammenbinden. Zwiebeln schälen, würfeln. Pilze putzen und waschen.

2 Butterschmalz in einem Bräter mit Deckel erhitzen. Stubenküken darin rundherum ca. 10 Minuten anbraten. Herausnehmen. Zwiebeln und Pilze im heißen Bratfett anbraten. Mit Salz und Pfeffer würzen. 500 ml Wasser und Brühe einrühren, aufkochen. Stubenküken wieder zufügen. Alles zugedeckt im vorgeheizten Backofen (E-Herd: 200 °C/Umluft: 175 °C/Gas: s. Hersteller) ca. 40 Minuten (Hähnchen ca. 1 Stunde) schmoren.

3 FÜR DAS GEMÜSE Spargel waschen, schälen und die holzigen Enden abschneiden. Möhren schälen, dabei etwas Grün stehen lassen und waschen. Blumenkohl putzen, waschen und in Röschen teilen. Spargel in kochendem Salzwasser mit etwas Zucker zugedeckt ca. 15 Minuten garen. Möhren und Blumenkohl in kochendem Salzwasser zugedeckt ca. 10 Minuten garen. Gefrorene Erbsen ca. 3 Minuten vor Ende der Garzeit zufügen und mitgaren.

4 Butter aufschäumen. Kerbel waschen, abzupfen und in die Butter geben. Gemüse abgießen. Stubenküken aus dem Fond heben und mit dem Gemüse anrichten. Mit Kerbelbutter beträufeln. Fond mit Salz und Pfeffer abschmecken und extra reichen. Dazu schmecken neue Kartoffeln.

ZUBEREITUNGSZEIT ca. 1 ½ Std.
PORTION ca. 680 kcal
E 65 g · F 37 g · KH 17 g

Königsberger Klopse

ZUTATEN FÜR 4 PERSONEN
- ♥ 1 Brötchen (vom Vortag)
- ♥ 2 Zwiebeln
- ♥ 500 g gemischtes Hack
- ♥ 1 Ei + 1 Eigelb (Gr. M)
- ♥ Salz ♥ Pfeffer ♥ 1 Lorbeerblatt
- ♥ 5 EL (50 g) Butter
- ♥ 4 EL (60 g) Mehl
- ♥ 200 g Schlagsahne
- ♥ 2 EL Kapern (Glas)
- ♥ 1–2 TL Zitronensaft ♥ Zucker

1 FÜR DIE KLOPSE Brötchen in kaltem Wasser einweichen. Zwiebeln schälen und 1 fein würfeln. Hack, ausgedrücktes Brötchen, 1 Ei und Zwiebelwürfel in einer Schüssel verkneten. Mit 1 TL Salz und 1 TL Pfeffer würzen. Mit angefeuchteten Händen 10–12 Klopse formen.

2 Gut 2 l Wasser und 1 ½ TL Salz in einem Topf aufkochen. Übrige Zwiebel halbieren, mit Lorbeer zufügen. Klopse ins Wasser geben und bei schwacher Hitze ca. 15 Minuten gar ziehen lassen.

3 Klopse mit einer Schaumkelle herausheben, abtropfen lassen. Die Fleischbrühe durch ein feines Sieb gießen und für die Soße 750 ml–1 l abmessen (restliche Brühe anderweitig verwenden, eventuell einfrieren).

4 FÜR DIE SOSSE Butter in einem Topf erhitzen. Mehl darin hell anschwitzen. Die abgemessene Brühe und Sahne einrühren, aufkochen und unter Rühren ca. 5 Minuten köcheln

5 Zum Legieren 3–4 EL Soße in eine kleine Schüssel geben. Mit 1 Eigelb verquirlen, in die Soße rühren. Nicht mehr kochen, damit sie nicht gerinnt. Kapern zufügen. Soße mit Zitronensaft, Salz, Pfeffer und 1 Prise Zucker abschmecken. Klopse in der Soße erhitzen (nicht kochen!). Dazu schmecken Salzkartoffeln und Rote Beten.

ZUBEREITUNGSZEIT ca. 1 Std.
PORTION ca. 740 kcal
E 33 g · F 56 g · KH 21

Zwiebelkasseler mit Butterwirsing

ZUTATEN FÜR 4 PERSONEN

- ♥ 600 g große Zwiebeln
- ♥ 4–5 EL Öl ♥ Cayennepfeffer
- ♥ 1,2–1,5 kg Kasselerkotelett (Stück; evtl. Knochen auslösen und mitgeben lassen) ♥ Pfeffer
- ♥ 2–3 EL Quittengelee oder Aprikosenkonfitüre
- ♥ 1 kleiner Wirsing (ca. 1 kg)
- ♥ 2 EL Butter ♥ 1 TL klare Brühe (instant)
- ♥ 5 Stiele Petersilie ♥ 1 Ei
- ♥ 1 Packung (750 g) Kloßteig „halb und halb" (Kühlregal)
- ♥ 1–2 TL Speisestärke ♥ Alufolie

1 Zwiebeln schälen. 1 Zwiebel beiseitelegen. Rest halbieren, in Streifen schneiden, mit 1 EL Öl und etwas Cayennepfeffer mischen.

2 FÜR DAS KASSELER Fleisch samt Knochen waschen und trocken tupfen. Fleisch mit Pfeffer würzen und auf den Knochen setzen. Mit Zwiebelstreifen auf eine Fettpfanne legen. Im vorgeheizten Ofen (E-Herd: 200 °C/Umluft: 175 °C/Gas: s. Hersteller) 50–60 Minuten braten. Zwiebeln zwischendurch umrühren. Nach ca. 30 Minuten 500 ml heißes Wasser nach und nach angießen. Kasseler mit ca. 1 EL Gelee bestreichen. 1–2 EL Gelee unter die Zwiebeln rühren. Alles fertig braten.

3 FÜR DEN WIRSING Kohl putzen, waschen und in Streifen vom Strunk schneiden. Übrige Zwiebel fein würfeln. Butter in einem großen Topf erhitzen. Zwiebelwürfel darin glasig dünsten. Kohl kurz mit anschmoren. 100 ml Wasser und Brühe einrühren, aufkochen. Alles zugedeckt 15–20 Minuten schmoren. Mit Salz und Pfeffer abschmecken.

4 FÜR DIE KARTOFFELPLÄTZCHEN Petersilie waschen und hacken. Mit Ei unter den Kloßteig rühren. Teig zur Rolle formen und in ca. 12 Scheiben schneiden. 3–4 EL Öl in einer großen Pfanne erhitzen. Scheiben darin in 2 Portionen unter Wenden goldbraun braten. Warm stellen.

5 FÜR DIE ZWIEBELSOSSE Kasseler in Alufolie wickeln und 5–10 Minuten ruhen lassen. Zwiebeln samt Bratfond in einem Topf aufkochen. Stärke und 1–2 EL Wasser glatt rühren. In den Fond rühren, aufkochen und unter Rühren ca. 3 Minuten köcheln. Soße mit Salz und Pfeffer abschmecken. Kasseler in dünne Scheiben schneiden. Alles anrichten.

ZUBEREITUNGSZEIT ca. 1 ½ Std.
PORTION ca. 850 kcal
E 64 g · F 36 g · KH 61 g

Frikadellen mit Gurkenrelish zu Pellkartoffeln mit Quark und Leinöl

ZUTATEN FÜR 4 PERSONEN
- ♥ 1 Glas (720 ml) Spreewälder Gewürzgurken
- ♥ 3 Zwiebeln
- ♥ 1 Apfel
- ♥ 1 Stück (ca. 60 g) Meerrettich
- ♥ 3 EL Öl ♥ 3 EL Zucker
- ♥ 125 ml Apfelessig ♥ Salz ♥ Pfeffer
- ♥ 800 g Kartoffeln
- ♥ 2 TL Senfkörner
- ♥ 750 g gemischtes Hack
- ♥ 1 Ei ♥ 2 EL Semmelbrösel
- ♥ je ½ Bund Petersilie und Dill
- ♥ 250 g Speisequark (20 % Fett)
- ♥ 4 TL Leinöl

1 FÜR DAS GURKENRELISH Gewürzgurken abtropfen lassen. Zwiebeln schälen. Apfel waschen, vierteln, entkernen. Alles fein würfeln. Meerrettich schälen, fein reiben. 1 EL Öl in einem Topf erhitzen. Ca. ⅔ Zwiebeln darin andünsten. Zucker einrühren, leicht karamellisieren. Gurken, Apfel, Meerrettich und Essig zufügen. Mit Salz und Pfeffer würzen. Bei schwacher Hitze offen ca. 15 Minuten köcheln. Auskühlen lassen.

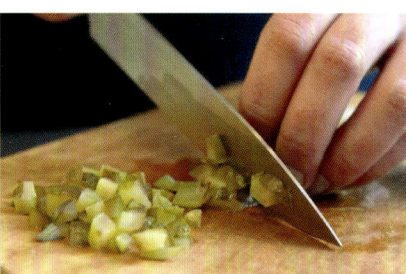

2 FÜR DIE PELLKARTOFFELN Kartoffeln gründlich waschen und in Wasser zugedeckt ca. 20 Minuten kochen.

3 FÜR DIE FRIKADELLEN Senfkörner in einer Pfanne ohne Fett rösten und abkühlen lassen. Hack, Ei, Semmelbrösel, Senfkörner und Rest Zwiebeln verkneten. Mit Salz und Pfeffer würzen. Aus der Hackmasse ca. 12 kleine Frikadellen formen. 2 EL Öl in einer großen Pfanne erhitzen. Frikadellen darin von jeder Seite ca. 4 Minuten goldbraun braten.

4 Kräuter waschen, hacken und unter das Relish rühren. Quark glatt rühren und mit Salz und Pfeffer abschmecken. Kartoffeln abgießen, abschrecken und schälen. Mit Frikadellen, Gurkenrelish und Quark anrichten. Leinöl über den Quark träufeln.

ZUBEREITUNGSZEIT ca. 1 ¼ Std.
PORTION ca. 990 kcal
E 54 g · F 56 g · KH 61 g

Westfälische Potthucke mit Apfel-Ingwer-Kompott

ZUTATEN FÜR 12 PERSONEN

FÜR DIE POTTHUCKE

- ♥ 2,5 kg Kartoffeln
- ♥ 5 Zwiebeln ♥ 2 EL Butter
- ♥ 5 Mettenden (ca. 450 g)
- ♥ Fett für den Bräter
- ♥ ca. 20 Scheiben geräucherter Schinken
- ♥ 500 g Schlagsahne ♥ 8 Eier (Gr. M)
- ♥ Salz ♥ Pfeffer ♥ Muskat
- ♥ evtl. Alufolie

FÜR DAS KOMPOTT

- ♥ 2,5 kg säuerliche Äpfel (z. B. Boskop)
- ♥ 1 Stück (ca. 5 cm) Ingwer
- ♥ 2 Zitronen (davon 1 bio)
- ♥ 200 g Zucker ♥ 2 Zimtstangen

1 FÜR DIE POTTHUCKE 800 g Kartoffeln waschen und in Wasser ca. 20 Minuten kochen. Zwiebeln schälen und würfeln. Butter erhitzen, Zwiebeln darin ca. 5 Minuten dünsten. Auskühlen lassen. Mettenden in dünne Scheiben schneiden.

2 Gekochte Kartoffeln abgießen, abschrecken und die Schale abziehen. Auskühlen lassen. Einen Bräter (ca. 3,7 l Inhalt) fetten. Den Rand rundherum leicht überlappend mit ca. 14 Schinkenscheiben auslegen. Scheiben dabei ca. 3 cm über den Rand hängen lassen. Den Boden mit ca. 4 Scheiben Schinken auslegen.

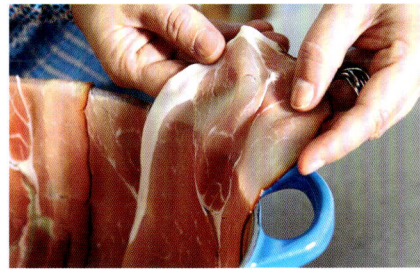

3 Die übrigen Kartoffeln schälen, waschen und grob reiben. Die gekochten Kartoffeln durch eine Kartoffelpresse dazudrücken. Zwiebeln, Sahne, Eier, 1½–2 TL Salz, etwas Pfeffer und Muskat zufügen und alles mit den Händen gut verkneten.

4 Ca. die Hälfte der Kartoffelmasse im Bräter glatt streichen. Wurstscheiben darauf verteilen und mit restlicher Kartoffelmasse bedecken. Schinkenscheiben vom Rand über die Kartoffelmasse

klappen. Im vorgeheizten Backofen (E-Herd: 175 °C/Umluft: 150 °C/Gas: s. Hersteller) auf der zweiten Schiene von unten ca. 2 Stunden backen. Ca. 20 Minuten vor Ende der Garzeit Temperatur hochschalten (E-Herd: 250 °C/Umluft: 225 °C/Gas: s. Hersteller) und goldbraun fertig backen. Eventuell Schinkenrand mit Alufolie bedecken, damit er nicht verbrennt.

5 FÜR DAS KOMPOTT Äpfel waschen, entkernen, würfeln und in einen großen Topf geben. Ingwer schälen und dazureiben. 1 Bio-Zitrone heiß waschen, trocken reiben. Schale als dünne Spirale abschälen. Beide Zitronen halbieren und auspressen. Saft, Schale, Zucker und Zimt zu den Äpfeln geben. Unter

gelegentlichem Rühren aufkochen und zugedeckt ca. 10 Minuten weich dünsten (Äpfel sollen nicht ganz zerfallen). Zitronenschale und Zimt entfernen. Kompott auskühlen lassen. Alles anrichten. Dazu schmeckt Salat.

ZUBEREITUNGSZEIT ca. 3½ Std.
PORTION ca. 700 kcal
E 25 g · F 34 g · KH 68 g

♥
♥
♥

RESTE AUFBRATEN

Am nächsten Tag die Potthucke in Scheiben schneiden und in der Pfanne in heißer Butter aufbraten. Übrig gebliebenes Kompott dazu reichen.

Sommerbraten mit Gartengemüse

ZUTATEN FÜR 6 PERSONEN

- ♥ 1 Putenoberkeule (ca. 1,5 kg; Knochen vom Fleischer auslösen lassen)
- ♥ 3 TL Tomatenmark ♥ 3 EL Olivenöl
- ♥ 2 TL getrocknete Kräuter der Provence
- ♥ Salz ♥ Pfeffer
- ♥ 1 Bund Möhren ♥ 1 Zwiebel ♥ 2 Tomaten
- ♥ 2 EL Öl ♥ 350 ml Apfelsaft
- ♥ 1 EL Gemüsebrühe (instant)
- ♥ 350 g Erbsenschoten (ersatzweise 100 g TK-Erbsen)
- ♥ 1 Kohlrabi ♥ 1 kleiner Blumenkohl
- ♥ 5 Stiele Petersilie ♥ 2 EL Butter
- ♥ Muskat ♥ Küchengarn

1 FÜR DEN BRATEN Fleisch abspülen und trocken tupfen. 2 TL Tomatenmark, Olivenöl, getrocknete Kräuter, Salz und Pfeffer verrühren. Fleisch mit der Paste bestreichen, aufrollen und festbinden. 2 Möhren schälen, waschen und in Stücke schneiden. Zwiebel schälen und grob würfeln. Tomaten waschen und in Stücke schneiden.

2 Öl im Bräter erhitzen. Fleisch darin rundherum anbraten, herausnehmen. Möhrenstücke, Zwiebel und Tomaten im heißen Bratfett anbraten. 1 TL Tomatenmark darin anschwitzen. 400 ml Wasser, Saft und Brühe zugeben, aufkochen. Fleisch in den Bräter legen, offen im vorgeheizten Backofen (E-Herd: 175 °C/ Umluft: 150 °C/Gas: s. Hersteller) ca. 2 Stunden braten.

3 FÜR DAS GEMÜSE Erbsen aus den Schoten lösen, waschen. Rest Möhren putzen, dabei etwas Grün stehen lassen. Möhren waschen und längs halbieren. Kohlrabi und Blumenkohl schälen bzw. putzen und waschen. Kohlrabi in Scheiben schneiden, Blumenkohl in Röschen teilen, in kochendem Salzwasser ca. 10 Minuten garen. Kohlrabi und Möhren ca. 8 Minuten, Erbsen ca. 4 Minuten mitgaren. Petersilie waschen, hacken.

4 Braten aus dem Bräter nehmen. Soße in einen Topf sieben, mit Salz und Pfeffer abschmecken. Butter im Bräter zerlassen. Gemüse abgießen. Gemüse und Petersilie in der Butter schwenken. Mit Salz und Muskat abschmecken. Alles anrichten. Dazu: Petersilienkartoffeln.

ZUBEREITUNGSZEIT ca. 2¾ Std.
PORTION ca. 540 kcal
E 54 g · F 31 g · KH 8 g

Bratwurst mit Speckwirsing und Rahmpüree

ZUTATEN FÜR 4 PERSONEN

- ♥ 1 kleiner Wirsingkohl (ca. 1 kg)
- ♥ 1 kg Kartoffeln ♥ Salz ♥ 2 EL Öl
- ♥ 50 g Speckwürfel ♥ Pfeffer
- ♥ 1 Zwiebel
- ♥ 50 g gekochter Schinken
- ♥ 1 EL Butter ♥ 1 leicht gehäufter EL Mehl
- ♥ 50 g + 100 g Schlagsahne
- ♥ 200 ml + 100 ml Milch
- ♥ 1 TL körniger Senf
- ♥ Cayennepfeffer ♥ Muskat
- ♥ 4 feine oder grobe Bratwürste (à ca. 100 g)

1 Wirsing putzen, vierteln und waschen. Wirsing in breiten Streifen vom Strunk schneiden. Kartoffeln schälen, waschen und in Salzwasser ca. 20 Minuten kochen.

2 FÜR DEN WIRSING 1 EL Öl in einem Bräter erhitzen. Speckwürfel darin ca. 3 Minuten anbraten. Wirsing kurz mitbraten, mit Salz und Pfeffer würzen. 150 ml Wasser angießen und aufkochen. Wirsing zugedeckt ca. 15 Minuten schmoren, noch mal mit Salz und Pfeffer abschmecken.

3 FÜR DIE SOSSE Zwiebel schälen. Zwiebel und Schinken fein würfeln. 1 EL Butter in einem Topf erhitzen. Zwiebel und Schinken darin ca. 3 Minuten kräftig andünsten. Mehl einrühren und hell anschwitzen. 50 g Sahne und 200 ml Milch unter Rühren angießen. Aufkochen und ca. 5 Minuten köcheln. Soße mit Senf, Salz und Cayennepfeffer abschmecken.

4 FÜR DAS PÜREE Kartoffeln abgießen. 100 g Sahne und 100 ml Milch zufügen und alles fein zerstampfen. Mit Salz und Muskat abschmecken.

5 1 EL Öl in einer Pfanne erhitzen. Bratwürste darin rundherum ca. 6 Minuten braten. Alles anrichten.

ZUBEREITUNGSZEIT ca. 45 Min.
PORTION ca. 830 kcal
E 33 g · F 56 g · KH 43 g

Eierragout mit Frühlingsgemüse

ZUTATEN FÜR 4 PERSONEN

- ♥ 800 g Kartoffeln ♥ Salz
- ♥ 8 Eier
- ♥ 1 großer Kohlrabi
- ♥ 3 Möhren
- ♥ 100 g Zuckerschoten oder TK-Erbsen
- ♥ 3 EL Butter ♥ 2 EL Mehl
- ♥ 250 ml Milch
- ♥ 100 g Schlagsahne
- ♥ Pfeffer ♥ Muskat
- ♥ 1–2 TL Zitronensaft
- ♥ je 1 Bund Kerbel und Petersilie
- ♥ 100 g Schinkenwürfel

1 Kartoffeln schälen, waschen und in Salzwasser ca. 20 Minuten kochen. Eier 8–10 Minuten hart kochen. Kohlrabi und Möhren schälen und waschen. Möhren in Scheiben, Kohlrabi in Spalten schneiden. Zuckerschoten putzen, waschen und halbieren.

2 Eier abschrecken und schälen. Möhren und Kohlrabi in gut 250 ml kochendem Salzwasser ca. 5 Minuten dünsten. Zuckerschoten ca. 2 Minuten mitgaren. Gemüse abgießen, Garwasser dabei auffangen.

3 FÜR DIE SOSSE 2 EL Butter erhitzen. Mehl darin hell anschwitzen. Gemüsewasser und Milch einrühren. Aufkochen und ca. 3 Minuten köcheln. Sahne einrühren. Soße mit Salz, Pfeffer, Muskat und Zitronensaft abschmecken.

4 Kräuter waschen, hacken und in die Soße rühren. Eier halbieren. Mit dem Gemüse in der Soße erhitzen. Kartoffeln abgießen, 1 EL Butter zufügen und schwenken. Alles anrichten. Schinkenwürfel darüberstreuen.

ZUBEREITUNGSZEIT ca. 35 Min.
PORTION ca. 630 kcal
E 29 g · F 37 g · KH 40 g

Goldbraune Koteletts mit Speckbohnen

ZUTATEN FÜR 4 PERSONEN

- ♥ 600 g grüne Bohnen ♥ Salz
- ♥ 2 Eier ♥ Pfeffer
- ♥ 4 Schweinekoteletts (à ca. 250 g)
- ♥ 3 TL mittelscharfer Senf
- ♥ 3–4 EL Mehl
- ♥ ca. 100 g Semmelbrösel
- ♥ 4–5 EL Butterschmalz
- ♥ 4–5 Stiele Thymian
- ♥ 1 Zwiebel
- ♥ 50 g geräucherter durchwachsener Speck

1 FÜR DIE BOHNEN Bohnen putzen und waschen. In kochendem Salzwasser 10–15 Minuten garen.

2 FÜR DIE KOTELETTS Eier verquirlen, mit Salz und Pfeffer würzen. Koteletts abspülen, trocken tupfen und mit Senf bestreichen. Nacheinander in Mehl, Eiern und Semmelbröseln wenden. Panade etwas andrücken.

3 3–4 EL Butterschmalz in einer großen beschichteten Pfanne erhitzen. Koteletts darin von jeder Seite 5–7 Minuten goldbraun braten.

4 FÜR DIE BOHNEN Thymian waschen und die Blättchen abzupfen. Zwiebel schälen. Zwiebel und Speck in feine Würfel schneiden. Bohnen abgießen. Speck in dem Topf knusprig braten. Zwiebel und Thymian mit andünsten. Bohnen wieder zufügen und schwenken. Alles anrichten. Dazu schmecken Bratkartoffeln.

ZUBEREITUNGSZEIT ca. 1 Std.
PORTION ca. 730 kcal
E 70 g · F 28 g · KH 45 g

23

Hähnchen nach Landfrauenart mit Wintergemüse

ZUTATEN FÜR 4 PERSONEN

- ♥ 500 g Rosenkohl ♥ Salz
- ♥ 4–5 Möhren
- ♥ 2 Zweige Rosmarin
- ♥ 2 Orangen
- ♥ 4–5 Tomaten
- ♥ 1 küchenfertiges Bauernhähnchen (ca. 1,5 kg)
- ♥ ca. 2 EL Edelsüßpaprika
- ♥ 2 Mettenden
- ♥ 1 TL Gemüsebrühe (instant)

1 Rosenkohl putzen, waschen und halbieren. In kochendem Salzwasser ca. 3 Minuten vorgaren. Abgießen.

2 Möhren schälen, waschen und in kleine Stücke schneiden. Rosmarin waschen und grob hacken. Orangen so schälen, dass die weiße Haut vollständig entfernt wird. Filets mit einem scharfen Messer zwischen den Trennhäuten herauslösen. Saft aus den Trennhäuten drücken und auffangen. Tomaten waschen und vierteln.

3 Hähnchen gründlich waschen, trocken tupfen und in 8 Teile schneiden. Hähnchenteile mit Salz und Paprika einreiben und auf eine Fettpfanne legen.

4 Gemüse um das Hähnchen verteilen, Mettenden, Orangenfilets und gehackten Rosmarin darauf verteilen. Brühe in 250 ml heißem Wasser auflösen. Brühe und Orangensaft angießen.

5 Alles im vorgeheizten Backofen (E-Herd: 175 °C/Umluft: 150 °C/Gas: s. Hersteller) 1–1 ¼ Stunden braten. Gemüse ab und zu wenden. Alles herausnehmen. Gemüse mit Salz und Pfeffer abschmecken. Dazu schmeckt frisches Landbrot.

ZUBEREITUNGSZEIT ca. 1 ¾ Std.
PORTION ca. 630 kcal
E 74 g · F 28 g · KH 16 g

Cremige Bratkartoffelsuppe mit Kasseler

ZUTATEN FÜR 6 PERSONEN

- ♥ 1 kg vorwiegend festkochende Kartoffeln
- ♥ 500 g ausgelöstes Kasselerkotelett
- ♥ 150 ml Weißweinessig ♥ 1 Lorbeerblatt
- ♥ 1 TL schwarze Pfefferkörner
- ♥ 5 Wacholderbeeren
- ♥ 2 Petersilienwurzeln ♥ 2 Zwiebeln
- ♥ 100 g geräucherter durchwachsener Speck
- ♥ 3 EL Butterschmalz ♥ Salz ♥ Pfeffer
- ♥ 250 ml Weißwein
- ♥ 2 TL klare Brühe (instant)
- ♥ 150 g Schlagsahne ♥ 100 g saure Sahne

1 Kartoffeln waschen und zugedeckt ca. 20 Minuten kochen. Abgießen, schälen und auskühlen lassen.

2 Kasseler waschen. Mit 1 l Wasser, Essig, Lorbeer, Pfefferkörnern und Wacholder aufkochen und zugedeckt ca. 30 Minuten garen.

3 Petersilienwurzeln schälen, waschen und in dünne Scheiben schneiden. Zwiebeln schälen. Zwiebeln und Speck fein würfeln. Kartoffeln in dicke Scheiben schneiden.

4 2 EL Butterschmalz in einer großen Pfanne erhitzen. Kartoffeln darin goldbraun braten, dabei ab und zu wenden. Zwiebeln und Speck mitbraten. Alles mit Salz und Pfeffer würzen.

5 1 EL Butterschmalz in einem großen Topf erhitzen. Petersilienwurzeln darin andünsten. Ca. ¾ der Bratkartoffeln zufügen. Alles mit Weißwein und ca. 500 ml Wasser ablöschen. Brühe einrühren. Aufkochen und zugedeckt ca. 25 Minuten köcheln.

6 Alles fein pürieren. Sahne und saure Sahne in die Suppe rühren. Mit Salz und Pfeffer abschmecken. Fleisch in kleine Würfel schneiden. Übrige Bratkartoffeln in der Pfanne kurz erhitzen. Beides auf der Suppe anrichten.

ZUBEREITUNGSZEIT ca. 1¼ Std. + Wartezeit ca. 2 Std.
PORTION ca. 810 kcal
E 37 g · F 48 g · KH 42 g

Hühnersuppe mit Grießklößchen

ZUTATEN FÜR 6 PERSONEN
- ♥ 1 großes Bund Suppengrün ♥ 2 Zwiebeln
- ♥ 1 küchenfertiges Suppenhuhn (ca. 1,5 kg)
- ♥ 2 Lorbeerblätter ♥ 1 TL Pfefferkörner ♥ Salz
- ♥ 2 EL Butter ♥ Pfeffer ♥ Muskat
- ♥ 125 g Hartweizengrieß ♥ 2 Eier (Gr. M)
- ♥ 1 Blumenkohl ♥ 3 Möhren
- ♥ 2 Petersilienwurzeln ♥ 150 g TK-Erbsen
- ♥ 5 Stiele Petersilie

1 Suppengrün putzen bzw. schälen, waschen und grob würfeln. Zwiebeln schälen und halbieren. Huhn von innen und außen gründlich waschen.

2 Zwiebelhälften mit der Schnittfläche nach unten in einem großen Topf ohne Fett anrösten. Huhn, Suppengrün, Lorbeer, Pfefferkörner und 2 TL Salz zufügen und alles mit ca. 3 l kaltem Wasser bedecken. Aufkochen und bei schwacher Hitze ca. 2 Stunden köcheln. Entstehenden Schaum abschöpfen.

3 FÜR DIE KLÖSSCHEN 250 ml Wasser, Butter, ca. ½ TL Salz, etwas Pfeffer und Muskat aufkochen. Grieß einstreuen und rühren, bis sich die Masse vom Topfboden löst. Ca. 2 Minuten abkühlen lassen. Eier einzeln unterrühren.

4 Aus der Masse mit zwei Teelöffeln Klößchen abstechen und direkt in reichlich siedendes Salzwasser geben. Bei schwacher Hitze 10–15 Minuten gar ziehen lassen. Klößchen herausheben und gut abtropfen lassen.

5 Huhn aus der Brühe heben und etwas abkühlen lassen. Blumenkohl putzen, waschen und in Röschen teilen. Möhren und Petersilienwurzeln schälen, waschen und klein schneiden. Fleisch von Haut und Knochen lösen und klein schneiden.

6 Brühe durch ein Sieb in einen Topf gießen und aufkochen. Blumenkohl darin ca. 10 Minuten köcheln. Möhren, Petersilienwurzeln und gefrorene Erbsen nach ca. 4 Minuten zufügen und mitgaren. Petersilie waschen und hacken. Fleisch, Klößchen und Petersilie in der Suppe erhitzen. Mit Salz, Pfeffer und Muskat abschmecken.

ZUBEREITUNGSZEIT ca. 1 ½ Std.
PORTION ca. 540 kcal
E 35 g · F 32 g · KH 26 g

Braunschweiger Mummebraten

ZUTATEN FÜR 6 PERSONEN

- ♥ 1,5 kg Schweinekrustenbraten mit Schwarte (z. B. Rücken oder Unterschale)
- ♥ Salz ♥ Pfeffer ♥ gemahlener Kümmel
- ♥ 1 Bund Suppengrün ♥ 1 Zwiebel
- ♥ 100 ml Malzextrakt (z. B. „Braunschweiger doppelte Segelschiff Mumme" (siehe Tipp; ersatzweise Malzbier)

1 Fleisch trocken tupfen. Mit Salz, Pfeffer und Kümmel einreiben. Mit der Schwarte nach unten in einen Bräter legen und ca. ¼ l kochendes Wasser angießen. Im vorgeheizten Backofen (E-Herd: 200 °C/Umluft: 175 °C/Gas: s. Hersteller) ca. 15 Minuten schmoren.

2 Zwiebel schälen. Suppengrün putzen bzw. schälen und waschen. Alles in grobe Stücke schneiden.

3 Fleisch aus dem Bräter heben. Sud abgießen, mit Wasser auf gut 500 ml auffüllen. Schwarte im Abstand von ca. 1 cm einschneiden. Braten mit Schwarte nach oben in den Bräter setzen. Suppengrün und Zwiebel darum verteilen.

4 Ofentemperatur herunterschalten (E-Herd: 175 °C/Umluft: 150 °C/Gas: s. Hersteller). Braten ca. 2 Stunden garen. Nach ca. 30 Minuten Sud angießen. Nach ca. 1 ½ Stunden Ofen wieder hochschalten (E-Herd: 200 °C/Umluft: 175 °C/Gas: s. Hersteller). Kruste mehrmals mit Mumme bestreichen, ca. 30 Minuten knusprig zu Ende braten.

5 Braten warm stellen. Bratfond mit ca. ⅓ Röstgemüse in einen Topf geben. Bratsatz mit etwas heißem Wasser lösen und dazugießen. Alles pürieren. Soße aufkochen und mit Salz und Pfeffer abschmecken. Braten aufschneiden, mit Soße anrichten. Dazu schmecken Butterwirsing und Bratkartoffeln.

ZUBEREITUNGSZEIT ca. 3 Std.
PORTION ca. 500 kcal
E 49 g · F 30 g · KH 4 g

SEGELSCHIFF-MUMME

Das alkoholfreie Malzextrakt wird heutzutage gern in der regionalen Braunschweiger Küche verwendet. Früher wurde daraus ein nahrhaftes dickflüssiges Rotbier gebraut, das als Schiffsproviant diente. Zu beziehen ist es über www.bs-mumme.de.

Gefülltes Bauernfrühstück mit Katenschinken

ZUTATEN FÜR 4 PERSONEN

- ♥ 1 kg festkochende Kartoffeln
- ♥ 1 Zwiebel
- ♥ 4 EL Butterschmalz
- ♥ Salz ♥ Pfeffer
- ♥ 8 Eier
- ♥ 6 EL Milch
- ♥ 4 Gewürzgurken
- ♥ 4 Scheiben Katenschinken

1 Kartoffeln waschen und zugedeckt ca. 20 Minuten kochen. Abschrecken, schälen und auskühlen lassen.

2 Zwiebel schälen und würfeln. Kartoffeln in Scheiben schneiden. Je 1 EL Butterschmalz in zwei beschichteten Pfannen erhitzen. Jeweils ¼ der Kartoffeln darin ca. 10 Minuten goldbraun braten, dabei ab und zu wenden. Mit Salz und Pfeffer würzen. Nach ca. 5 Minuten jeweils ¼ Zwiebeln zufügen und mitbraten. Jeweils die Hälfte gebratene Kartoffeln aus den Pfannen nehmen und warm stellen.

3 Eier, Milch, Salz und Pfeffer verquirlen und jeweils ¼ zu den Kartoffeln in die Pfannen gießen. Dabei ab und zu mit einem Pfannenwender vorsichtig zusammenschieben. Kurz bevor die Masse stockt, die gebratenen Kartoffeln auf den Omeletts verteilen. Zur Hälfte überklappen und fertig stocken lassen. Vorsichtig auf einen Teller gleiten lassen und warm stellen.

4 Aus den restlichen Zutaten auf die gleiche Weise 2 weitere Omeletts zubereiten. Gurken fächerartig aufschneiden. Bauernfrühstück mit Gurke und Schinken anrichten.

ZUBEREITUNGSZEIT ca. 1 ½ Std. + Wartezeit mind. 1 Std.
PORTION ca. 580 kcal
E 26 g · F 34 g · KH 40 g

Gebratene Blutwurst mit Sauerkraut

ZUTATEN FÜR 4 PERSONEN
- ♥ 3 Zwiebeln
- ♥ 750 g Kartoffeln ♥ Salz
- ♥ 2–3 EL Öl
- ♥ 1 Dose (850 ml) Sauerkraut
- ♥ 6–8 Wacholderbeeren
- ♥ 2 Lorbeerblätter
- ♥ 200 ml Apfelsaft ♥ Pfeffer
- ♥ 150 ml Milch
- ♥ 4 EL Butter ♥ Muskat
- ♥ 4 Stiele Petersilie ♥ 1 EL Mehl
- ♥ 400 g Blutwurst (Stück) ♥ Zucker

1 Zwiebeln schälen. 1 Zwiebel fein würfeln, 2 Zwiebeln in Ringe schneiden. Kartoffeln schälen, waschen und in Salzwasser ca. 20 Minuten kochen.

2 FÜR DAS SAUERKRAUT 1–2 EL Öl in einem Topf erhitzen. Zwiebelwürfel darin glasig dünsten. Sauerkraut kurz mitbraten. Wacholder, Lorbeer und Apfelsaft zufügen. Aufkochen und zugedeckt ca. 20 Minuten schmoren. Mit Salz und Pfeffer abschmecken.

3 FÜR DAS PÜREE Kartoffeln abgießen. Milch und 3 EL Butter zufügen und alles fein zerstampfen. Mit Salz und Muskat abschmecken. Warm stellen.

4 FÜR DIE RÖSTZWIEBELN Petersilie waschen und fein hacken. 1 EL Butter in einer Pfanne erhitzen. Die Zwiebelringe darin anbraten. Mit Mehl bestäuben und knusprig braten. Petersilie daruntermischen.

5 FÜR DIE WURST Blutwurst häuten und in dicke Scheiben schneiden. 1 EL Öl in einer Pfanne erhitzen. Die Wurstscheiben darin von jeder Seite ca. 1 Minute braten. Sauerkraut mit Pfeffer, Zucker und etwas Salz abschmecken. Alles anrichten.

ZUBEREITUNGSZEIT ca. 50 Min.
PORTION ca. 640 kcal
E 19 g · F 45 g · KH 36 g

Gruß von der Küste

Gut 100 Krabbenkutter sind noch unterwegs auf der deutschen Nordsee. Mit ihren ausgeklappten Quermasten, an denen zwei halbrunde Netze wie dicke Bäuche hängen, schippern sie zwischen dem Örtchen Wremen in Ostfriesland bis hoch nach Sylt an der nordfriesischen Küste. Männer mit Wollmützen und Gummihosen bis unters Kinn stehen schweigend an Deck und verarbeiten die beliebte Krebsart ... Besonders edel sind frische Krabben als Topping auf einem feinen Krebssüppchen oder mit Speck zur gebratenen Scholle.

Die Ostsee präsentiert sich meist etwas lieblicher. Wildromantische Steilküsten, bizarre Fjordlandschaften und wogende Felder bestimmen das Bild und strahlend weißer Angeldorsch, Hering oder saftige Braten das kulinarische Angebot.

Doch auch süße Sachen kommen hier wie dort in den gemütlichen reetgedeckten Katen entlang der Küstenlinie auf den Teller, etwa eine Friesenschnitte zum Pharisäer, Butterkuchen, rote Grütze oder Rumcreme. Seeluft macht nun mal Appetit!

Maischolle
Rezept auf Seite 32

REZEPT zu Seite 31

Maischolle mit Nordseekrabben

ZUTATEN FÜR 2 PERSONEN
- ♥ 400 g Kartoffeln ♥ 1 kleine Zwiebel
- ♥ 400 g grüne Bohnen
- ♥ 2 Scheiben Frühstücksspeck (Bacon)
- ♥ 3–4 EL Butterschmalz
- ♥ 3 Stiele Petersilie
- ♥ 50 g Nordseekrabbenfleisch
- ♥ 2 küchenfertige Schollen (ca. 700 g)
- ♥ Salz ♥ Pfeffer ♥ 2–3 EL Mehl

1 Kartoffeln schälen, waschen und in Scheiben schneiden. Zwiebel schälen, würfeln. Bohnen putzen, waschen und halbieren. Speck in Streifen schneiden.

2 Kartoffeln in 1–2 EL heißem Butterschmalz bei mittlerer Hitze ca. 20 Minuten goldbraun braten. Inzwischen Petersilie waschen, fein hacken und mit dem Krabbenfleisch mischen. Schollen waschen und trocken tupfen. Mit Salz und Pfeffer würzen. Im Mehl wenden.

3 Bohnen in kochendem Salzwasser ca. 12 Minuten garen. Speck in einer großen Pfanne ohne Fett knusprig braten. Herausnehmen. 2 EL Butterschmalz in der Pfanne erhitzen. Schollen darin von jeder Seite ca. 4 Minuten braten.

4 Zwiebelwürfel zu den Kartoffeln geben und ca. 5 Minuten mitbraten. Kartoffeln mit Salz und Pfeffer abschmecken. Bohnen abgießen und mit dem Speck mischen. Schollen, Bohnen und Bratkartoffeln anrichten. Krabben über die Schollen streuen.

ZUBEREITUNGSZEIT ca. 45 Min.
PORTION ca. 780 kcal
E 49 g · F 43 g · KH 44 g

Lübecker National

ZUTATEN FÜR 4 PERSONEN
- ♥ 600 g Rinderbeinscheibe ♥ Salz
- ♥ 5 Pimentkörner
- ♥ 2 Lorbeerblätter
- ♥ 5 Gewürznelken
- ♥ 5 schwarze Pfefferkörner
- ♥ 2 Zwiebeln
- ♥ 100 g geräucherter durchwachsener Speck
- ♥ 600 g Möhren
- ♥ 600 g Kartoffeln
- ♥ 4 Stiele glatte Petersilie
- ♥ Pfeffer

1 Fleisch waschen. Mit 2 l Wasser in einen Topf geben. 1 TL Salz und Gewürze zugeben. Aufkochen und zugedeckt ca. 1 ½ Stunden köcheln. Schaum zwischendurch abschöpfen.

2 Zwiebeln schälen. Speck und Zwiebeln würfeln. Speck in einer Pfanne knusprig braten. Zwiebeln zufügen und 2–3 Minuten dünsten. Beiseitestellen. Möhren und Kartoffeln schälen, waschen und in ca. 1 cm dicke Stifte schneiden.

3 Beinscheibe aus der Brühe nehmen. Gemüse in die Brühe geben, ca. 20 Minuten köcheln. Fleisch in Würfel schneiden, zur Suppe geben und erwärmen. Petersilie waschen und hacken. Eintopf mit Salz und Pfeffer abschmecken. Petersilie unterrühren. Mit Speck und Zwiebeln anrichten.

ZUBEREITUNGSZEIT ca. 2 Std.
PORTION ca. 380 kcal
E 19 g · F 19 g · KH 30 g

Ostfriesischer Snirtjebraten*

ZUTATEN FÜR 4 PERSONEN

- ♥ 1 kg Schweinefilet
- ♥ 2 Gemüsezwiebeln
- ♥ 500 ml trockener Rotwein ♥ Pfeffer
- ♥ 2–3 Lorbeerblätter
- ♥ 2–3 EL Öl ♥ Salz
- ♥ 1 TL Gemüsebrühe (instant)
- ♥ 800 g Kartoffeln
- ♥ 6 Stiele Petersilie
- ♥ 2 EL Speisestärke
- ♥ 125 g Schlagsahne
- ♥ 1 EL Butter

1 AM VORTAG Fleisch trocken tupfen, in 8 Stücke schneiden und nebeneinander in eine hohe Auflaufform legen. Zwiebeln schälen und würfeln. Wein, Zwiebelwürfel, 1 TL Pfeffer und Lorbeerblätter mischen. Gleichmäßig über dem Fleisch verteilen und zugedeckt über Nacht ziehen lassen.

2 AM NÄCHSTEN TAG Fleisch aus der Marinade nehmen und alle Zwiebeln entfernen. Marinade durch ein Sieb gießen, Flüssigkeit dabei auffangen. Öl in einem Bräter erhitzen, Fleisch darin rundherum kräftig anbraten. Mit Salz und Pfeffer würzen. Marinade und 250 ml Wasser angießen. Brühe einrühren. Aufkochen und bei schwacher bis mittlerer Hitze zugedeckt ca. 2¼ Stunden schmoren.

3 Inzwischen Kartoffeln schälen, waschen und in Salzwasser ca. 20 Minuten kochen. Petersilie waschen und hacken. Stärke und 5 EL Wasser glatt rühren. Fleisch herausheben und warm stellen.

Sahne zum Bratfond geben und aufkochen. Angerührte Stärke einrühren, erneut aufkochen und ca. 2 Minuten köcheln. Mit Salz und Pfeffer abschmecken. Fleisch wieder in die Soße geben.

4 Kartoffeln abgießen. Butter und Petersilie zufügen und die Kartoffeln vorsichtig schwenken. Alles anrichten. Dazu schmecken eingelegte Rote Beten und Cornichons.

ZUBEREITUNGSZEIT ca. 2¾ Std. + Wartezeit ca. 12 Std.
PORTION ca. 630 kcal
E 59 g · F 20 g · KH 30 g

*Auf Niederdeutsch „Snirtjebraa", kurz „Snirtje", ist ein beliebtes ostfriesisches Fleischgericht. Ursprünglich wurde es am Schlachttag aus Schweinenacken oder -schulter zubereitet. Inzwischen wird es auch für festliche Anlässe mit Filet serviert

Gnick wird auf Usedom der Nacken genannt

Gnickbraten* mit Schmandkartoffeln

ZUTATEN FÜR 6 PERSONEN

- ♥ 250 ml Essig ♥ ½ TL Pfefferkörner
- ♥ 6 Pimentkörner ♥ 1 Lorbeerblatt
- ♥ 1,2 kg Schweinenacken ♥ 2 Zwiebeln
- ♥ 1 Möhre ♥ 1 Tomate ♥ 3 EL Butterschmalz
- ♥ Salz ♥ Pfeffer ♥ Edelsüßpaprika
- ♥ 3 TL Gemüsebrühe (instant)
- ♥ 1,2 kg Kartoffeln ♥ 4 Stiele Majoran
- ♥ 75 g geräucherter durchwachsener Speck
- ♥ 2–3 EL Mehl ♥ 200 g Schmand
- ♥ 125 ml trockener Rotwein
- ♥ 5 EL Schlagsahne ♥ 1 großer Gefrierbeutel

1 FÜR DIE BEIZE Essig, 750 ml Wasser und Gewürze mischen. Fleisch trocken tupfen. Samt Beize in den Gefrierbeutel geben, verschließen. Mindestens 2 Stunden ziehen lassen. Ab und zu wenden.

2 1 Zwiebel schälen, vierteln. Möhre schälen, waschen, grob schneiden. Tomate waschen, vierteln. Fleisch trocken tupfen. Im Bräter im heißen Butterschmalz rundherum anbraten. Mit Salz, Pfeffer und Paprika würzen. Gemüse mit anbraten. Gut 500 ml Wasser und 1 TL Brühe zufügen. Alles aufkochen und zugedeckt ca. 1 ½ Stunden schmoren. Braten ab und zu wenden.

3 FÜR DIE KARTOFFELN Kartoffeln waschen, ca. 20 Minuten kochen. 1 Zwiebel schälen, würfeln. Majoran waschen, hacken. Speck würfeln, in einem Topf knusprig braten. Zwiebelwürfel kurz mitbraten. 1–2 EL Mehl darüberstäuben und hell anschwitzen. 500 ml Wasser und 2 TL Brühe einrühren. Aufkochen und ca. 5 Minuten köcheln.

4 Soße mit Salz, Pfeffer und Majoran abschmecken. Mit Schmand verfeinern. Kartoffeln abgießen, schälen und in Scheiben schneiden. In die Schmandsoße geben und warm stellen.

5 Fleisch herausnehmen, warm stellen. Bratenfond durch ein Sieb gießen. Mit Wein in den Bräter geben, aufkochen. 1 EL Mehl und 2 EL Wasser glatt rühren, Soße damit binden und ca. 5 Minuten köcheln. Sahne einrühren. Soße abschmecken. Fleisch mit Kartoffeln servieren. Dazu: Erbsen-Möhren-Gemüse.

ZUBEREITUNGSZEIT ca. 2¼ Std. + Wartezeit mind. 2 Std.
PORTION ca. 780 kcal
E 44 g · F 47 g · KH 37 g

Glückstädter Matjes nach Hausfrauenart

ZUTATEN FÜR 4 PERSONEN

- ♥ 250 g Schmand
- ♥ 200 g saure Sahne
- ♥ 2 EL Weißweinessig
- ♥ 1 Bund Dill
- ♥ Salz ♥ Pfeffer ♥ Zucker
- ♥ 2 Zwiebeln
- ♥ 4 Gewürzgurken (Glas)
- ♥ 1 großer Apfel
- ♥ 8–10 Matjesfilets (ca. 500 g)
- ♥ 750 g neue Kartoffeln

1 FÜR DIE HAUSFRAUENSOSSE
Schmand, saure Sahne und Essig verrühren. Dill waschen, Fähnchen abzupfen und fein schneiden. Unter die Schmandsoße rühren. Mit Salz, Pfeffer und 1 Prise Zucker abschmecken.

2 Zwiebeln schälen und in dünne Ringe schneiden. Gurken abtropfen lassen und in halbe Scheiben schneiden. Apfel waschen, vierteln und entkernen. Apfelviertel halbieren und quer in Scheiben schneiden. Matjes kurz abspülen, trocken tupfen und in ca. 2 cm breite Stücke schneiden. Matjes und die übrigen vorbereiteten Zutaten, bis auf einige Zwiebelringe, zur Hausfrauensoße geben und unterheben. Bis zum Servieren kalt stellen.

3 Kartoffeln waschen und in einem Topf mit Wasser zugedeckt ca. 20 Minuten kochen. Dann abgießen, abschrecken und die Schale abziehen. Matjes mit Kartoffeln und übrigen Zwiebelringen anrichten.

ZUBEREITUNGSZEIT ca. 50 Min.
PORTION ca. 720 kcal
E 27 g · F 48 g · KH 40 g

FISCH AUS DEM FASS

Glückstadt an der Elbe ist die deutsche Hochburg der Matjesherstellung. Junge Heringe werden mit Salz in Holzfässer eingeschichtet. Durch die enzymatische Reifung wird das Fischfleisch ganz zart.

Knusprige Fisch-stäbchenspieße mit Speckkartoffelsalat

ZUTATEN FÜR 4 PERSONEN

- ♥ 1 kg Kartoffeln
- ♥ 3 Gewürzgurken ♥ 4 Stiele Petersilie
- ♥ 150 g Mayonnaise
- ♥ 150 g Vollmilchjoghurt
- ♥ Salz ♥ Pfeffer
- ♥ 1 Zwiebel ♥ ½ Bund Schnittlauch
- ♥ 100 g Speckwürfel ♥ 7 EL Apfelessig
- ♥ 1 TL Gemüsebrühe (instant)
- ♥ 7 EL Öl
- ♥ 2 Eier ♥ 3 EL Mehl
- ♥ 500 g Fischfilet (z. B. Rotbarsch)
- ♥ ca. 75 g Semmelbrösel ♥ 8 Holzspieße

1 Kartoffeln waschen und ca. 20 Minuten kochen. Gurken fein würfeln. Petersilie waschen und fein hacken. Mayonnaise und Joghurt glatt rühren. Petersilie und Gurken unterrühren. Mit Salz und Pfeffer abschmecken.

2 FÜR DEN SALAT Kartoffeln abgießen, schälen, abkühlen lassen. Zwiebel schälen und würfeln. Schnittlauch waschen und fein schneiden. Kartoffeln in dünne Scheiben schneiden. Speck ohne Fett knusprig braten. Zwiebel mitbraten. Essig, 125 ml Wasser und Brühe einrühren. Aufkochen und 1–2 Minuten köcheln. Mit Salz und Pfeffer würzen. 4 EL Öl einrühren. Mit Schnittlauch und Kartoffeln mischen, ca. 1 Stunde ziehen lassen.

3 FÜR DEN FISCH Eier in einem tiefen Teller verquirlen. Mehl, ½ TL Salz und etwas Pfeffer mischen. Fisch waschen, trocken tupfen und in ca. 16 Stücke schneiden. Nacheinander in Mehl, Ei und Semmelbröseln wenden. Je 2 Stücke auf 1 Spieß stecken.

4 3 EL Öl in einer Pfanne erhitzen. Fischspieße darin von jeder Seite 3–4 Minuten braten. Kartoffelsalat abschmecken. Alles anrichten.

ZUBEREITUNGSZEIT ca. 1 Std. +
Wartezeit ca. 1 Std.
PORTION ca. 780 kcal
E 41 g · F 40 g · KH 58 g

Angeldorsch in Senfsoße

ZUTATEN FÜR 4 PERSONEN

- 2 Zwiebeln ♥ 1 Möhre
- ca. 200 g Knollensellerie ♥ Salz
- 3 EL Weißweinessig
- 1 Lorbeerblatt ♥ 1 TL Pfefferkörner
- 4 Dorschkoteletts (à ca. 200 g)
- 2 EL Butter ♥ 1 EL Mehl
- 150 g + 100 g Schlagsahne
- 2 TL Gemüsebrühe (instant)
- 2–3 EL Senf ♥ Pfeffer
- 3–4 EL Zitronensaft ♥ 4 TL Zucker
- 1 großer Kopfsalat

1 Zwiebeln schälen. 1 Zwiebel vierteln, 1 fein würfeln. Möhre und Sellerie schälen, waschen und halbieren.

2 FÜR DEN SUD 1,5 l Wasser, 2 TL Salz, Essig, Möhre, Sellerie, Zwiebelviertel, Lorbeer und Pfefferkörner in einem großen, weiten Topf aufkochen. Zugedeckt ca. 5 Minuten köcheln.

3 Dorsch waschen und im Gemüsesud ca. 15 Minuten zugedeckt gar ziehen lassen (nicht kochen!).

4 FÜR DIE SOSSE Butter in einem Topf erhitzen. Zwiebelwürfel darin glasig dünsten. Mehl darüberstäuben und hell anschwitzen. 300 ml Wasser, 150 g Sahne und Brühe einrühren. Aufkochen

und unter Rühren ca. 5 Minuten köcheln. Mit Senf, Salz, Pfeffer, 1–2 EL Zitronensaft und 1 TL Zucker abschmecken. Warm stellen.

5 FÜR DEN SALAT Kopfsalat putzen, waschen, abtropfen lassen und in mundgerechte Stücke zupfen. 100 g Sahne, 3 TL Zucker und 1 Prise Salz leicht anschlagen. 2 EL Zitronensaft unterrühren. Salat damit mischen.

6 Dorsch aus dem Sud heben und mit Senfsoße anrichten. Salat dazu reichen. Dazu passen Petersilienkartoffeln.

ZUBEREITUNGSZEIT ca. 45 Min.
PORTION ca. 400 kcal
E 29 g · F 25 g · KH 12 g

Bremer Heringssalat

ZUTATEN FÜR 10 PERSONEN
- ♥ 1 Bund Suppengrün ♥ Salz
- ♥ 1 Lorbeerblatt ♥ einige Pfefferkörner
- ♥ 500–600 g magerer Kalbsbraten (Keule)
- ♥ 4–6 Eier
- ♥ 8–10 Matjesfilets (ca. 500 g)
- ♥ 2 süße Äpfel (z. B. Gala)
- ♥ 1 Glas (370 ml) Rote Beten
- ♥ 2 Gewürzgurken + 2–3 EL Gurkensud
- ♥ 4 Zwiebeln
- ♥ 300 g saure Sahne
- ♥ 150 g Preiselbeeren (Glas)
- ♥ 2 EL Kapern ♥ 1–2 TL Senf
- ♥ 6 EL Öl ♥ Pfeffer ♥ Zucker

1 FÜR DAS FLEISCH Suppengrün putzen bzw. schälen, waschen und grob zerkleinern. Mit 1 TL Salz, Lorbeer und Pfefferkörnern in gut 1 l Wasser aufkochen. Fleisch abspülen und darin zugedeckt ca. 1 ½ Stunden köcheln. Herausnehmen und auskühlen lassen (Brühe anderweitig verwenden).

2 Eier hart kochen. Abschrecken, schälen, auskühlen lassen. Matjes abspülen und trocken tupfen. Äpfel schälen, vierteln und entkernen. Rote Beten abgießen. Matjes, Fleisch, Gurken, Rote Beten und Äpfel würfeln. Eier halbieren, Eigelb herauslösen. Eiweiß würfeln.

3 FÜR DIE SOSSE Zwiebeln schälen und in feine Würfel schneiden. Eigelb eventuell durch ein Sieb streichen. Saure Sahne, Eigelb, Zwiebeln, Preiselbeeren, Kapern, Senf und Öl verrühren. Mit Gurkensud, Salz, Pfeffer und etwas Zucker abschmecken.

4 Salatsoße und vorbereitete Salatzutaten mischen und mindestens 2 Stunden kalt stellen. Mit Salz und Pfeffer abschmecken. Dazu passt Schwarzbrot.

ZUBEREITUNGSZEIT ca. 2 Std. +
Wartezeit mind. 2 Std.
PORTION ca. 360 kcal
E 24 g · F 24 g · KH 10 g

Blitzschnelles Krabben-Rahmsüppchen

ZUTATEN FÜR 4 PERSONEN

- ♥ 1 Würfel Krebssuppenpaste
- ♥ 100 g Schlagsahne
- ♥ 125 ml trockener Weißwein
- ♥ Salz ♥ Pfeffer
- ♥ etwas Zitronensaft
- ♥ 125 g Nodseekrabbenfleisch
- ♥ 1–2 Stiele Dill
- ♥ 4 TL Crème fraîche

1 Knapp 500 ml Wasser aufkochen. Suppenpaste darin unter Rühren auflösen. Sahne und Wein zugießen und kurz aufkochen. Suppe mit Salz, Pfeffer und Zitronensaft abschmecken. Ca. ¾ der Krabben in die Suppe geben und vorsichtig erhitzen.

2 Dill waschen und fein schneiden. Die Suppe in vier Suppentassen verteilen. Mit jeweils 1 TL Crème fraîche, übrigen Krabben und etwas Dill anrichten.

ZUBEREITUNGSZEIT ca. 15 Min.
PORTION ca. 240 kcal
E 7 g · F 18 g · KH 6 g

FRISCH GEFANGEN

Bei Nordseekrabben handelt es sich streng genommen um Garnelen. Noch an Bord der Krabbenkutter werden sie in Meerwasser gekocht. Dabei erhalten sie ihre rote Farbe und ihr kräftiges Aroma. Köstlich zu Rührei, Scholle und pur auf Brot.

Gestovter* Weißkohl mit paniertem Kotelett

ZUTATEN FÜR 4 PERSONEN

FÜR DEN WEISSKOHL

- ♥ 1 Weißkohl (ca. 1 kg)
- ♥ 1 große Zwiebel
- ♥ 2 EL Öl ♥ ½ TL Gemüsebrühe (instant)
- ♥ 1 TL gemahlener Kümmel
- ♥ 2 EL Butter ♥ 2 EL Mehl
- ♥ 250 ml Milch ♥ Salz ♥ Pfeffer

FÜR DIE KOTELETTS

- ♥ 4 Schweinekoteletts (à ca. 250 g)
- ♥ 2 Eier ♥ Salz ♥ Pfeffer
- ♥ ca. 100 g Semmelbrösel
- ♥ 2 EL Butterschmalz

1 FÜR DAS GEMÜSE Kohl putzen, waschen, vierteln und in feinen Streifen vom Strunk schneiden. Zwiebel schälen und würfeln. Öl in einem großen Topf erhitzen. Zwiebel darin andünsten. Kohl zufügen und kurz mitdünsten. 250 ml Wasser, Brühe und Kümmel zufügen. Alles aufkochen und zugedeckt ca. 25 Minuten garen.

2 FÜR DIE KOTELETTS Fleisch waschen und trocken tupfen. Eier in einem tiefen Teller verquirlen, mit Salz und Pfeffer würzen. Koteletts erst in Ei, dann in Semmelbröseln wenden. Butterschmalz in einer großen Pfanne erhitzen. Koteletts darin von jeder Seite 5–6 Minuten goldbraun braten.

3 FÜR DAS GEMÜSE Kohl abgießen, die Brühe auffangen und mit Wasser auf 350 ml auffüllen. Butter in einem Topf erhitzen. Mehl zufügen und hell anschwitzen. Nach und nach Brühe und Milch einrühren. Mit Salz und Pfeffer würzen. Ca. 5 Minuten köcheln, dabei ab und zu umrühren. Soße zum Kohl geben, mit Salz und Pfeffer abschmecken. Koteletts und gestovten Weißkohl anrichten. Dazu schmecken Kartoffelpüree und eventuell Spiegeleier.

ZUBEREITUNGSZEIT ca. 1 Std.
PORTION ca. 650 kcal
E 57 g · F 31 g · KH 31 g

Der Begriff „gestovt" kommt aus dem Niederdeutschen und bezeichnet gedämpftes bzw. gedünstetes Gemüse in einer Mehlschwitze

Usedomer Heringsklopse mit Kopfsalat

ZUTATEN FÜR 4 PERSONEN

- ♥ 400 g (ca. 8 Stück) einzelne Heringsfilets (z. B. Matjes)
- ♥ 1 Brötchen (vom Vortag)
- ♥ 1 kleines Bund Dill
- ♥ Saft von ½ Zitrone
- ♥ 100 g stichfeste saure Sahne
- ♥ Zucker ♥ Salz ♥ Pfeffer
- ♥ 1 großer Kopfsalat
- ♥ 750 g Kartoffeln
- ♥ 1 Zwiebel
- ♥ 375 g gemischtes Hack
- ♥ 1 Ei + 2 Eigelb (Gr. M)
- ♥ 1 Glas (53 ml) Kapern
- ♥ 2 EL Butter ♥ 2 EL Mehl
- ♥ 100 g Schmand
- ♥ 5 Stiele krause Petersilie

1 FÜR DIE KLOPSE Hering mit Wasser bedecken und ca. 2 Stunden wässern. Brötchen in Wasser einweichen.

2 FÜR DEN SALAT Dill waschen und fein schneiden. Mit Zitronensaft, saurer Sahne und 2 EL Zucker verrühren. Mit Salz und Pfeffer abschmecken. Salat waschen, gut abtropfen lassen und in Stücke zupfen.

3 Kartoffeln schälen, waschen und halbieren. In Salzwasser zugedeckt ca. 20 Minuten kochen.

4 FÜR DIE KLOPSE Zwiebel schälen und fein würfeln. Heringsfilets trocken tupfen, sehr fein hacken oder kurz pürieren. Brötchen gut ausdrücken. Alles mit Hack und 1 Ei verkneten. Mit Pfeffer würzen. Mit angefeuchteten Händen 8–10 Klopse formen.

5 Klopse in ca. 3 l kochendes, leicht gesalzenes Wasser geben und bei schwacher Hitze ca. 15 Minuten gar ziehen lassen. Herausheben, warm

stellen und ca. 750 ml Garwasser abmessen. Kapern abgießen und abtropfen lassen.

6 FÜR DIE SOSSE Butter in einem Topf erhitzen. Mehl darin hell anschwitzen. Garwasser einrühren und unter Rühren aufkochen. Kapern in die Soße geben, ca. 5 Minuten köcheln. Soße mit Salz, Pfeffer und 1 Prise Zucker abschmecken. Schmand und 2 Eigelb verquirlen. 5 EL heiße Soße unterrühren, dann in die übrige Soße rühren. Klopse in der Soße erhitzen (nicht mehr kochen!).

7 Petersilie waschen und fein hacken. Kartoffeln abgießen und mit Petersilie schwenken. Kopfsalat und Dillsahnesoße mischen. Alles anrichten.

ZUBEREITUNGSZEIT ca. 50 Min. + Wartezeit ca. 2 Std.
PORTION ca. 940 kcal
E 45 g · F 62 g · KH 44 g

Bremer Braunkohl* mit Pinkel

ZUTATEN FÜR 6–8 PERSONEN

- ♥ 2 kg Grünkohl ♥ Salz
- ♥ 3 Zwiebeln
- ♥ 1,5 kg Kasselerkotelett (Stück)
- ♥ 50 g Schweineschmalz
- ♥ 250 g frischer Schweinebauch oder durchwachsener Speck
- ♥ 40 g Hafergrütze oder -flocken
- ♥ 4 Kohlwürste oder Mettenden
- ♥ 4 Pinkelwürste ♥ Pfeffer ♥ evtl. Zucker

* *So nennen die Bremer Grünkohl*

1 Grünkohl verlesen, von den dicken Blattrippen zupfen und gründlich waschen. Portionsweise in kochendem Salzwasser ca. 5 Minuten blanchieren. Abtropfen und etwas abkühlen lassen, dann fein hacken.

2 Zwiebeln schälen, 1 vierteln, Rest würfeln. Kasseler vom Knochen lösen, abspülen und trocken tupfen.

3 Schmalz in einem großen Topf erhitzen und die Zwiebelwürfel darin andünsten. Grünkohl kurz mitdünsten. Schweinebauch, Kasselerknochen und ca. 500 ml Wasser zufügen. Aufkochen und zugedeckt zunächst ca. 1¼ Stunden köcheln.

4 Kasseler und Zwiebelviertel in einen Bräter legen. Im vorgeheizten Backofen (E-Herd: 200 °C/Umluft: 175 °C/Gas: s. Hersteller) ca. 45 Minuten braten.

5 Kasselerknochen aus dem Kohl nehmen. Grütze einrühren und die gesamten Würste darauflegen. Ca. 45 Minuten weiterschmoren. Fleischreste vom Knochen lösen und zum Grünkohl geben. Mit Salz, Pfeffer und Zucker abschmecken. Kasseler aufschneiden. Kohl mit Schweinebauch, Würsten und Kasseler auf einer Platte anrichten. Dazu schmecken Röstkartoffeln und Senf.

ZUBEREITUNGSZEIT ca. 3 Std.
PORTION ca. 650 kcal
E 40 g · F 44 g · KH 10 g

Mecklenburger Rippenbraten

ZUTATEN FÜR 6–8 PERSONEN

- ♥ 3 Zwiebeln ♥ 2 Möhren
- ♥ 500 g säuerliche Äpfel
- ♥ 2 EL Zitronensaft
- ♥ 100 g getrocknete Softpflaumen
- ♥ 4 EL Butterschmalz ♥ 1 EL Zucker
- ♥ abgeriebene Schale von 1 Bio-Zitrone
- ♥ 2 EL Semmelbrösel
- ♥ 1,6–1,8 kg gepökelter Rippenbraten ohne Schwarte (beim Fleischer vorbestellen)
- ♥ Pfeffer ♥ 2 TL klare Brühe (instant)
- ♥ 1 gehäufter EL Mehl ♥ Salz
- ♥ Holzspießchen ♥ Küchengarn

1 Zwiebeln schälen, 2 in Stücke schneiden, 1 würfeln. Möhren schälen, waschen und in Stücke schneiden. Äpfel schälen, vierteln, entkernen, würfeln und mit Zitronensaft mischen. Pflaumen würfeln.

2 FÜR DIE FÜLLUNG 2 EL Butterschmalz in einer Pfanne erhitzen. Zwiebelwürfel darin andünsten. Äpfel und Pflaumen 4–5 Minuten mitdünsten. Zucker, Zitronenschale und Semmelbrösel unterrühren. Abkühlen lassen.

3 Fleisch abspülen, trocken tupfen und von der Längsseite eine tiefe Tasche hineinschneiden. Apfelmasse einfüllen, zustecken und zubinden. Braten mit Pfeffer würzen.

4 2 EL Butterschmalz in einem ofenfesten Topf oder Bräter erhitzen. Braten darin rundherum anbraten. Zwiebelstücke und Möhren kurz mitbraten. 500 ml Wasser und Brühe zufügen. Zugedeckt im vorgeheizten Backofen (E-Herd: 200 °C/Umluft: 175 °C/Gas: s. Hersteller) ca. 1 ½ Stunden schmoren.

5 Braten herausheben. Fond durch ein Sieb gießen und aufkochen. 5 EL kaltes Wasser und Mehl glatt rühren, in den Fond rühren und ca. 3 Minuten köcheln. Soße mit Salz abschmecken. Fleisch vom Knochen lösen. Dazu passen Kartoffeln und Erbsen-Möhren-Gemüse.

ZUBEREITUNGSZEIT ca. 2 ¾ Std.
PORTION ca. 720 kcal
E 29 g · F 56 g · KH 20 g

Labskaus

ZUTATEN FÜR 4–6 PERSONEN

♥ 1 Bund Suppengrün
♥ 4 Zwiebeln
♥ 2 Lorbeerblätter
♥ 1 TL schwarze Pfefferkörner
♥ 5 Pimentkörner ♥ 2 Gewürznelken
♥ 1 kg gepökelte Hochrippe mit Knochen (beim Fleischer vorbestellen)
♥ 1,5 kg vorwiegend festkochende Kartoffeln ♥ Salz
♥ 1 Glas (720 ml) Rote Beten in Scheiben
♥ 1 Glas (720 ml) Gewürzgurken
♥ 2 EL Butter
♥ 4–6 Eier
♥ 4–6 Rollmöpse

1 Suppengrün putzen bzw. schälen, waschen und klein schneiden. 1 Zwiebel schälen und vierteln. Alles mit den Gewürzen und ca. 3 l Wasser in einem großen Topf aufkochen. Fleisch waschen, in das kochende Wasser geben und bei leicht geöffnetem Deckel ca. 3 Stunden köcheln. Entstehenden Schaum ab und zu abschöpfen.

2 Kartoffeln schälen, waschen und in Stücke schneiden. Zugedeckt in Salzwasser ca. 20 Minuten kochen.

3 Rote Beten und Gurken getrennt abtropfen lassen, dabei jeweils den Sud auffangen. 300 g Rote Beten und 200 g Gurken hacken. 3 Zwiebeln schälen und fein würfeln.

4 Fleisch aus der Brühe heben und etwas abkühlen lassen. 250 ml Brühe abmessen (übrige Brühe anderweitig verwenden). 1 EL Butter in einer Pfanne erhitzen, Zwiebeln darin glasig dünsten. Fleisch von Knochen und Fett lösen und fein würfeln oder zerzupfen.

5 Kartoffeln abgießen und fein zerstampfen, dabei die abgemessene Brühe nach und nach angießen. Zwiebeln, Rote Beten und Gewürzgurken unter die Kartoffeln rühren. Ca. 100 ml Rote-Bete-Sud zugießen und alles gut vermischen. Fleisch unter die Kartoffelmischung heben. Alles mit Salz, Pfeffer und Gurkensud abschmecken. Falls das Labskaus noch zu fest ist, etwas Rinderbrühe oder Rote-Bete-Sud unterrühren.

6 1 EL Butter in einer Pfanne erhitzen. Spiegeleier darin braten. Labskaus mit jeweils 1 Spiegelei und Rollmops anrichten. Restliche Rote Beten und Gewürzgurken dazu reichen.

ZUBEREITUNGSZEIT ca. 4 Std.
PORTION ca. 620 kcal
E 37 g · F 28 g · KH 44 g

Hamburger Pannfisch mit Gurkensalat

ZUTATEN FÜR 4 PERSONEN

- ♥ 750 g festkochende Kartoffeln
- ♥ 1 ½ Salatgurken (ca. 600 g) ♥ Salz
- ♥ 2 Zwiebeln ♥ 2 EL Butter ♥ 4–5 EL Mehl
- ♥ 250 ml Milch ♥ 150 g Schlagsahne
- ♥ 2 EL mittelscharfer Senf
- ♥ 1 EL körniger Senf ♥ Pfeffer ♥ Zucker
- ♥ 1 Bund Dill ♥ 4 EL Zitronensaft ♥ 5–7 EL Öl
- ♥ 50 g geräucherter durchwachsener Speck
- ♥ 600 g Fischfilet (z. B. Kabeljau)

1 Kartoffeln waschen und zugedeckt ca. 20 Minuten kochen. Inzwischen Gurken schälen und in dünne Scheiben hobeln oder schneiden. Mit 1 gestrichenen TL Salz mischen und mindestens 30 Minuten ziehen lassen. Kartoffeln abgießen, schälen und auskühlen lassen.

2 FÜR DIE SOSSE 1 Zwiebel schälen und sehr fein würfeln. Butter in einem Topf erhitzen. Zwiebelwürfel darin andünsten. 1 EL Mehl darüberstäuben und hell anschwitzen. Milch und Sahne einrühren, aufkochen und ca. 3 Minuten köcheln. Gesamten Senf einrühren und die Soße mit Salz, Pfeffer und etwas Zucker abschmecken. Warm stellen.

3 FÜR DEN SALAT Dill waschen und fein schneiden. Mit Zitronensaft und 1–2 EL Zucker verrühren. 1–2 EL Öl unterschlagen. Gurken abtropfen lassen, etwas ausdrücken und mit der Dillmarinade mischen.

4 FÜR DIE BRATKARTOFFELN 1 Zwiebel schälen. Zwiebel und Speck in feine Würfel, Kartoffeln in Scheiben schneiden. 2–3 EL Öl in einer großen Pfanne erhitzen. Kartoffeln darin 10–15 Minuten knusprig braten.

5 FÜR DEN FISCH Fisch abspülen, trocken tupfen und in Stücke schneiden. In 3–4 EL Mehl wenden. 2 EL Öl in einer zweiten Pfanne erhitzen. Fisch darin von jeder Seite ca. 3 Minuten goldbraun braten.

6 Kartoffeln mit Salz und Pfeffer würzen. Zwiebel und Speck zufügen und ca. 5 Minuten mitbraten. Fisch auf die Bratkartoffeln legen und etwas Senfsoße darüberträufeln. Mit Rest Soße und Gurkensalat servieren.

ZUBEREITUNGSZEIT ca. 1 Std. +
Wartezeit mind. 1 Std.
PORTION ca. 630 kcal · E 36 g · F 41 g · KH 37 g

Birnensuppe mit Klackerklieben*

ZUTATEN FÜR 4 PERSONEN

- ♥ 1 kg saftige reife Birnen
- ♥ abgeriebene Schale und Saft von ½ Bio-Zitrone
- ♥ 8 EL Zucker
- ♥ 1 kleine Zimtstange
- ♥ 4 Zwiebäcke
- ♥ 250 ml trockener Weißwein
- ♥ 2 Eier (Gr. M)
- ♥ 100 g Mehl ♥ Salz
- ♥ 5 EL Schlagsahne
- ♥ 1–2 TL brauner Zucker

1 FÜR DIE SUPPE Birnen schälen, vierteln, entkernen und mit Zitronensaft beträufeln. Ca. ¾ Birnen grob würfeln. Mit 500 ml Wasser, 6 EL Zucker, Zimt und Zitronenschale aufkochen. Zugedeckt ca. 15 Minuten köcheln.

2 Inzwischen Zwiebäcke im Wein einweichen. Restliche Birnen in dünne Spalten schneiden. Zimt und Zitronenschale aus der Suppe entfernen.

3 Zwiebäcke in die Suppe geben und erneut aufkochen. Alles mit dem Stabmixer pürieren. Birnenspalten in die Suppe geben und 4–5 Minuten garen. Suppe mit 1 EL Zucker abschmecken.

4 FÜR DIE KLIEBEN Eier, 3 TL Wasser und 1 EL Zucker verquirlen. Mehl nach und nach unterrühren. Aus der Masse mit zwei angefeuchteten Teelöffeln Klößchen formen und in siedendem, leicht gesalzenem Wasser ca. 5 Minuten gar ziehen lassen. Herausheben und abtropfen lassen.

5 Sahne halbsteif schlagen. Klößchen in die heiße Birnensuppe geben. Mit Sahneklecks und braunem Zucker anrichtcn.

ZUBEREITUNGSZEIT ca. 45 Min.
PORTION ca. 490 kcal
E 12 g · F 7 g · KH 84 g

In Mecklenburg-Vorpommern werden die kleinen Mehlklößchen als Klieben bezeichnet

Friesische Rumcreme

ZUTATEN FÜR 4 PERSONEN

- ♥ 3 Blatt weiße Gelatine
- ♥ 3 frische Eigelb (Gr. M)
- ♥ 3 leicht gehäufte EL Zucker
- ♥ 1 Päckchen Vanillezucker
- ♥ abgeriebene Schale von ½ Bio-Zitrone ♥ Salz
- ♥ 4–5 EL brauner Rum
- ♥ 200 g Schlagsahne

1 Gelatine in kaltem Wasser einweichen. Eigelb, Zucker, Vanillezucker, Zitronenschale und 1 Prise Salz ca. 10 Minuten dickcremig aufschlagen. Rum unterschlagen.

2 Gelatine ausdrücken und vorsichtig auflösen. Erst 3–4 EL Rumcreme in die Gelatine rühren, dann alles in die restliche Creme rühren. Kalt stellen, bis die Creme zu gelieren beginnt.

3 Sahne steif schlagen und unter die Rumcreme heben. In eine Schüssel füllen und mindestens 2 Stunden kalt stellen. Dazu schmeckt Teegebäck.

ZUBEREITUNGSZEIT ca. 25 Min. +
Wartezeit mind. 2 Std.
PORTION ca. 310 kcal
E 5 g · F 21 g · KH 17 g

Rote Grütze

ZUTATEN FÜR 4 PERSONEN

- ♥ 500 g gemischte Beeren (z. B. Erdbeeren, Himbeeren und Rote Johannisbeeren) ♥ 150 g Süßkirschen
- ♥ 5 EL + 200 ml Kirschnektar ♥ 2 EL Speisestärke ♥ 5 EL Zucker
- ♥ 150 g Crème fraîche ♥ 1 Päckchen Vanillezucker

1 Himbeeren und Johannisbeeren verlesen. Erdbeeren, Johannisbeeren und Kirschen waschen und abtropfen lassen. Erdbeeren putzen und je nach Größe halbieren oder vierteln. Johannisbeeren von den Stielen streifen. Kirschen entsteinen.

2 5 EL Kirschnektar und Stärke verrühren. 200 ml Kirschnektar und Zucker aufkochen. Angerührte Stärke einrühren, erneut aufkochen und unter Rühren ca. 2 Minuten köcheln. Früchte zufügen und die Grütze abkühlen lassen.

3 Crème fraîche und Vanillezucker verrühren. Grütze in vier Gläser verteilen und mit Crème fraîche anrichten.

ZUBEREITUNGSZEIT ca. 20 Min. +
Wartezeit ca. 1 Std.
PORTION ca. 300 kcal
E 3 g · F 12 g · KH 43 g

Lübecker Plettenpudding

ZUTATEN FÜR 6–8 PERSONEN

- 6 Blatt weiße Gelatine
- 1 Vanilleschote
- 375 ml Milch
- 6 Eigelb (Gr. M)
- 125 g Zucker
- 400 g Himbeeren
- 6–8 EL Himbeergeist
- 2 helle Biskuitböden (300 g)
- 400 g Schlagsahne

1 FÜR DIE CREME Gelatine kalt einweichen. Vanilleschote längs aufschneiden und das Mark herauskratzen. Milch mit Vanilleschote und -mark aufkochen. Eigelb und Zucker verrühren. Schote entfernen. Etwas heiße Milch in die Eigelbmasse rühren, Mischung dann in die übrige Milch gießen. Bei schwacher Hitze unter Rühren erhitzen, bis die Creme dicklich wird (nicht kochen!). Topf vom Herd nehmen.

2 Gelatine ausdrücken und in der heißen Creme auflösen. Creme erst abkühlen lassen, dann ca. 30 Minuten kalt stellen, dabei öfter umrühren.

3 Himbeeren verlesen und durch ein Sieb streichen. Mit 2 EL Himbeergeist verrühren.

4 Biskuit in ca. 5 cm breite Streifen schneiden. Mit 4–6 EL Himbeergeist beträufeln. Eine Schüssel mit der Hälfte Biskuitstreifen auslegen.

5 Sahne steif schlagen und unter die Creme heben. Eine Hälfte abnehmen und Himbeerpüree unterheben. Jeweils Hälfte Vanille- und Himbeercreme in die Schüssel streichen und mit übrigen Biskuitstreifen belegen. Nacheinander restliche Vanille- und Himbeercreme daraufstreichen und mit einer Gabel spiralförmig durchziehen. Mindestens 2 Stunden kalt stellen.

ZUBEREITUNGSZEIT ca. 30 Min.
Wartezeit mind. 3 Std.
PORTION ca. 470 kcal
E 10 g · F 24 g · KH 46 g

Friesenschnitten mit Pflaumenmus

ZUTATEN FÜR CA. 10 STÜCK

- ♥ 1 Rolle (270 g) frischer Blätterteig (ca. 24 x 42 cm; Kühlregal)
- ♥ 1 Eigelb ♥ ca. 30 g Hagelzucker
- ♥ ca. 250 g Pflaumenmus
- ♥ 300 g Schlagsahne
- ♥ 2 EL Zucker ♥ 1 Päckchen Vanillezucker
- ♥ 1 Päckchen Sahnesteif
- ♥ 1–2 EL Rum

1 Blätterteig 5–10 Minuten bei Zimmertemperatur ruhen lassen. Dann samt Backpapier auf einem Backblech (ca. 35 x 40 cm) entrollen.

2 Blätterteig längs halbieren und jede Platte in ca. 10 Tortenstücke schneiden. Eigelb und 1 TL Wasser verquirlen und den Teig damit bestreichen. 10 Tortenstücke mit Hagelzucker bestreuen.

3 Blätterteig im vorgeheizten Backofen (E-Herd: 225 °C/Umluft: 200 °C/Gas: s. Hersteller) auf der untersten Schiene (Gas: s. Hersteller) 10–15 Minuten backen. Auskühlen lassen.

4 Die Tortenstücke ohne Hagelzucker mit jeweils ca. 1 EL Pflaumenmus bestreichen. Sahne steif schlagen, dabei Zucker, Vanillezucker und Sahnesteif einrieseln lassen. Sofort Rum unterheben. In einen Spritzbeutel mit großer Lochtülle füllen und auf das Pflaumenmus spritzen. Die übrigen Tortenstücke als Deckel darauflegen. Sofort servieren.

ZUBEREITUNGSZEIT ca. 1 Std.
+ Wartezeit ca. 30 Min.
STÜCK ca. 310 kcal
E 3 g · F 19 g · KH 25 g

Pharisäer

ZUTATEN FÜR 4 PERSONEN

100 g Sahne steif schlagen. *120 ml Rum* in einem Topf leicht erwärmen und *6 EL Zucker* darin auflösen. *500 ml frisch zubereiteten heißen Filterkaffee* und den heißen Rum in vier Gläser gießen. Die geschlagene Sahne als Haube daraufsetzen.

Luftiger Buttermilch-Streuselkuchen

ZUTATEN FÜR CA. 24 STÜCKE

- ♥ 400 g + 500 g Mehl
- ♥ 50 g + 250 g Zucker
- ♥ 2 Msp. Zimt ♥ Salz
- ♥ 5 EL + 250 g + 200 g Buttermilch
- ♥ 1 Würfel (42 g) Hefe
- ♥ 4 Tropfen Bittermandelaroma
- ♥ 1 Ei (Gr. M)
- ♥ 60 g + 275 g weiche Butter
- ♥ Fett und Mehl für die Fettpfanne

1 FÜR DEN HEFETEIG 400 g Mehl, 50 g Zucker, 1 Msp. Zimt und 1 Prise Salz in einer Rührschüssel mischen. In die Mitte eine Mulde drücken. Ca. 5 EL Buttermilch lauwarm erwärmen. Hefe hineinbröckeln, darin auflösen. Mit Bittermandelaroma in die Mulde geben und mit etwas von dem Mehl zum Vorteig verrühren. Zugedeckt an einem warmen Ort ca. 15 Minuten gehen lassen.

2 Ei, 250 g Buttermilch und 60 g Butter in Stückchen zum Vorteig geben. Alles mit den Knethaken des Rührgerätes glatt verkneten. Zugedeckt ca. 30 Minuten gehen lassen.

3 FÜR DIE STREUSEL 275 g Butter schmelzen. 500 g Mehl, 250 g Zucker, 1 Msp. Zimt und 1 Prise Salz mischen. Geschmolzene Butter langsam einrühren und mit den Knethaken des Rührgerätes zu Streuseln verarbeiten.

4 Hefeteig nochmals durchkneten und auf einer gefetteten und mit Mehl ausgestäubten Fettpfanne (ca. 32 x 39 cm) ausrollen. Zugedeckt ca. 15 Minuten gehen lassen. Streusel darauf verteilen.

5 Kuchen im vorgeheizten Backofen (E-Herd: 200 °C/Umluft: 175 °C/Gas: s. Hersteller) zunächst ca. 15 Minuten backen. Mit 200 g Buttermilch beträufeln und ca. 15 Minuten weiterbacken. Auskühlen lassen. Dazu schmecken gezuckerte Erdbeeren und Schlagsahne.

ZUBEREITUNGSZEIT ca. 1 Std. + Gehzeit ca. 1 Std.
STÜCK ca. 300 kcal
E 5 g · F 12 g · KH 40 g

Sahnige Ostfriesentorte mit Weinbrandrosinen

ZUTATEN FÜR CA. 16 STÜCKE
- ♥ 150 g Rosinen
- ♥ 100 ml Weinbrand
- ♥ 5 Eier (Gr. M)
- ♥ 175 g Zucker
- ♥ 3 Päckchen Vanillezucker ♥ Salz
- ♥ 150 g Mehl
- ♥ 50 g Speisestärke
- ♥ 1 gestrichener TL Backpulver
- ♥ 4 EL Mandelblättchen
- ♥ 500 g + 450 g Schlagsahne
- ♥ 2 Päckchen Sahnesteif
- ♥ 50 g + 2 EL Haselnusskrokant
- ♥ Backpapier

1 AM VORTAG Rosinen heiß waschen und abtropfen lassen. Mit Weinbrand übergießen und zugedeckt 1 Tag ziehen lassen.

2 AM NÄCHSTEN TAG FÜR DEN BISKUIT Springform (26 cm Ø) am Boden mit Backpapier auslegen. Eier, 5 EL lauwarmes Wasser, Zucker, 1 Päckchen Vanillezucker und 1 Prise Salz ca. 8 Minuten schaumig schlagen. Mehl, Stärke und Backpulver auf die Eimasse sieben und unterheben. Masse in die Form streichen. Biskuit im vorgeheizten Backofen (E-Herd: 200°C/Umluft: 175°C/Gas: s. Hersteller) ca. 40 Minuten backen. Auskühlen lassen.

3 Mandeln ohne Fett rösten. Auskühlen lassen. Biskuit zweimal waagerecht durchschneiden. Rosinen abtropfen lassen, Weinbrand dabei auffangen. Biskuitböden mit Weinbrand beträufeln.

4 500 g Sahne steif schlagen, dabei Sahnesteif und 2 Päckchen Vanillezucker einrieseln lassen. Rosinen, bis auf 2 EL zum Verzieren, unterheben. Rosinensahne in 2 Portionen teilen. Unter eine Hälfte 50 g Krokant heben. Unteren Biskuit mit Rosinensahne bestreichen und 2. Biskuit darauflegen. Krokantsahne daraufstreichen. Mit dem 3. Biskuit bedecken.

5 450 g Sahne steif schlagen. Torte rundherum mit ca. ⅔ Sahne einstreichen. Rest Sahne mit dem Teelöffel in kleinen Klecksen auf die Torte geben. Mit den übrigen Rosinen, 2 EL Krokant und Mandeln verzieren. Torte mindestens 3 Stunden kalt stellen.

ZUBEREITUNGSZEIT ca. 1¾ Std. +
Wartezeit 1 Tag
STÜCK ca. 380 kcal
E 5 g · F 22 g · KH 34 g

Quer durch den Garten

Mit der Spargelernte beginnt das hiesige Gartenjahr und erlebt gleichzeitig seinen ersten Höhepunkt, so beliebt sind die edlen Stangen. Ob zu Frankfurter Grüner Soße oder als Belag auf einer knusprigen Tarte, ihren Zubereitungsmöglichkeiten sind kaum Grenzen gesetzt. Diese Vielfalt sollte man ausnutzen, denn am 24. Juni ist auch schon wieder Schluss mit dem Genuss. Dann bekommen die Pflanzen die notwendige Ruhe, um genügend Kraft für die nächste Saison sammeln zu können.

Den Gemüsegarten dominieren jetzt aber auch längst andere. Knackige Möhren und Blumenkohl strahlen um die Wette, später buhlen quietschfrische grüne Bohnen, Schmorgurken, Rote Beten und duftende Kräuter um die Aufmerksamkeit des Gärtners – der muss sich schließlich auch noch um die Obstbäume kümmern …

Doch alle Mühe wird belohnt: mit bunten Eintöpfen und Salaten oder einem süßlich-deftigen Birnen-Bohnen-Speck-Auflauf. Und damit die Erinnerung an den Sommer noch ein wenig länger hält, wecken wir die schönsten Roten Beten und Zuckergurken ein und kochen Quittengelee und Heidelbeerkonfitüre.

Spargel mit Frankfurter Grüner Soße
Rezept auf Seite 54

REZEPT zu Seite 53

Spargel mit Frankfurter Grüner Soße und Schinken

ZUTATEN FÜR 4 PERSONEN

- 2 kg weißer Spargel
- 800 g neue Kartoffeln
- Salz ♥ Zucker
- 1 Bund Kräuter für Frankfurter Grüne Soße (s. Tipp)
- 200 g Schmand
- 200 g saure Sahne
- 1 EL mittelscharfer Senf ♥ Pfeffer
- 1–2 TL Zitronensaft
- 400 g Schinken in Scheiben (z. B. Katen-, Serrano- und Kochschinken)

1 Spargel waschen, schälen und die holzigen Enden abschneiden. Kartoffeln gründlich waschen und in Wasser ca. 20 Minuten kochen. Spargel in wenig kochendem Salzwasser mit etwas Zucker je nach Dicke der Stangen 15–18 Minuten dünsten.

2 FÜR DIE SOSSE Kräuter waschen und sehr fein schneiden. Schmand, saure Sahne, Senf und Zitronensaft verrühren. Mit Salz, Pfeffer und Zitronensaft würzen. Kräuter unterrühren. Mit Salz, Pfeffer und 1 Prise Zucker abschmecken.

3 Kartoffeln und Spargel abgießen. Auf einer großen Platte mit Schinken und Soße anrichten.

ZUBEREITUNGSZEIT ca. 1 Std.
PORTION ca. 650 kcal
E 40 g · F 34 g · KH 42 g

7 AUF EINEN STREICH

Frankfurter Grüne Soße besteht aus sieben Kräutern: Petersilie, Kerbel, Schnittlauch, Kresse, Sauerampfer, Pimpinelle und Borretsch.

Blumenkohlsalat mit Portulak*

ZUTATEN FÜR 4 PERSONEN

- 1 kleiner Blumenkohl ♥ Salz
- 4 Eier
- 5–6 EL Weißweinessig
- 1 TL flüssiger Honig ♥ Pfeffer
- 4 EL Öl
- 5 Stiele Dill
- 1 Zwiebel
- 200 g Portulak
- 1 Bund Radieschen

1 Blumenkohl putzen, waschen und in Röschen teilen. In wenig kochendem Salzwasser ca. 8 Minuten bissfest garen. Eier ca. 10 Minuten hart kochen. Beides abgießen, abschrecken und auskühlen lassen.

2 FÜR DIE VINAIGRETTE Essig, Honig, Salz und Pfeffer verrühren. Öl unterschlagen. Dill waschen, fein schneiden. Zwiebel schälen und fein würfeln. Zwiebel und Dill unter die Vinaigrette rühren.

3 Portulak putzen, waschen und gut abtropfen lassen. Radieschen putzen, waschen und in Scheiben schneiden. Eier schälen und grob hacken. Dann die vorbereiteten Salatzutaten und Vinaigrette mischen.

ZUBEREITUNGSZEIT ca. 40 Min. + Wartezeit ca. 1 Std.
PORTION ca. 240 kcal
E 12 g · F 17 g · KH 8 g

* Hier wurden die jungen Blättchen vom Winterportulak, auch Postelein genannt, verwendet. Sie schmecken fein, mit milder Kressenote. Sommerportulak hingegen hat dickfleischige, nussig schmeckende Blätter

Grünkohlsuppe mit Mettenden

ZUTATEN FÜR 4 PERSONEN

- ♥ 500 g geputzter Grünkohl ♥ Salz
- ♥ 3 TL Gemüsebrühe (instant)
- ♥ 1 Lorbeerblatt
- ♥ 2 Gewürznelken
- ♥ 6 Pimentkörner
- ♥ 600 g Kasselerkotelett
- ♥ 3 g Möhren
- ♥ 400 g Kartoffeln
- ♥ 4 Mettenden (à ca. 80 g) ♥ Pfeffer

1 Grünkohl verlesen, von den dicken Blattrippen zupfen und gründlich waschen. In kochendem Salzwasser ca. 3 Minuten blanchieren. Abgießen, leicht ausdrücken und grob hacken.

2 Ca. 1,25 l Wasser mit Brühe und Gewürzen aufkochen. Kasseler kalt abspülen. Kasseler und Kohl in die Brühe geben. Aufkochen und zugedeckt ca. 1 Stunde köcheln.

3 Möhren und Kartoffeln schälen, waschen in kleine Würfel schneiden. Mit Mettenden nach ca. 30 Minuten Garzeit zufügen und mitgaren.

4 Kasseler und Mettenden herausnehmen. Kasseler vom Knochen lösen. Fleisch in Stücke, Mettenden in Scheiben schneiden und beides wieder in die Suppe geben. Mit Salz und Pfeffer abschmecken. Dazu schmeckt Senf.

ZUBEREITUNGSZEIT ca. 1 ½ Std.
PORTION ca. 600 kcal
E 55 g · F 31 g · KH 22 g

Gaisburger Marsch

ZUTATEN FÜR 4 PERSONEN

- ♥ 1 kg Hochrippe oder Rinderbrust
- ♥ 5 Zwiebeln ♥ Salz
- ♥ 1 Bund Suppengrün
- ♥ 5 mittelgroße Kartoffeln
- ♥ 2 große Möhren
- ♥ 1 EL Tomatenmark ♥ Pfeffer
- ♥ 2–3 EL Butter
- ♥ 2 Stiele Thymian
- ♥ 4 Stiele Petersilie
- ♥ 400 g frische Eierspätzle (Kühlregal)

1 Fleisch waschen. 1 Zwiebel schälen und halbieren. Beides mit ca. 1,5 l kaltem Salzwasser in einen Topf geben. Aufkochen und ca. 1 ½ Stunden zugedeckt köcheln. Entstehenden Schaum ab und zu abschöpfen.

2 Suppengrün putzen bzw. schälen, waschen und in Stücke schneiden. Kartoffeln und Möhren schälen, waschen und klein schneiden. 4 Zwiebeln schälen und in Ringe schneiden.

3 Fleisch aus der Brühe heben und etwas abkühlen lassen. Brühe durch ein Sieb in einen Topf gießen. Tomatenmark einrühren und aufkochen. Suppengrün, Kartoffeln und Möhren darin ca. 30 Minuten garen.

4 Fleisch vom Knochen lösen und grob würfeln. Fleisch wieder in den Eintopf geben und erhitzen. Suppe mit Salz und Pfeffer abschmecken.

5 1–2 EL Butter in einer Pfanne erhitzen. Zwiebelringe darin goldbraun braten und herausnehmen.

6 Thymian und Petersilie waschen und hacken. 1 EL Butter im Bratfett erhitzen. Spätzle darin anbraten. Mit Salz und Pfeffer würzen. Zwiebeln, Thymian und Petersilie untermischen. Eintopf mit Spätzle anrichten.

ZUBEREITUNGSZEIT ca. 2 ¼ Std.
PORTION ca. 720 kcal
E 48 g · F 35 g · KH 51 g

Brunnenkressesalat mit Linsen und Kartoffelcroûtons

ZUTATEN FÜR 4 PERSONEN

- ♥ 350 g Kartoffeln
- ♥ 5–6 EL Olivenöl
- ♥ Salz ♥ Pfeffer
- ♥ 100 g rote Linsen
- ♥ 1 Zwiebel
- ♥ ½ TL Gemüsebrühe (instant)
- ♥ 7 EL weißer Balsamico-Essig ♥ Zucker
- ♥ 2 Bund (à ca. 175 g) Brunnenkresse
- ♥ 250 g Kirschtomaten
- ♥ 1 Bund Lauchzwiebeln
- ♥ 150 g Ziegenfrischkäse oder Feta

1 FÜR DIE KARTOFFELCROÛTONS Kartoffeln schälen, waschen und in kleine Würfel schneiden. 1 EL Öl in einer beschichteten Pfanne erhitzen. Kartoffeln darin rundherum 12–15 Minuten knusprig braten. Mit Salz und Pfeffer würzen. Abkühlen lassen.

2 FÜR DIE LINSEN Linsen abspülen und abtropfen lassen. Zwiebel schälen und fein würfeln. 1 EL Öl in einem kleinen Topf erhitzen. Zwiebel darin glasig dünsten. Linsen, 150 ml Wasser und Brühe zufügen. Alles aufkochen und zugedeckt ca. 8 Minuten garen. Auskühlen lassen.

3 FÜR DIE VINAIGRETTE Essig, Salz, Pfeffer und 1 Prise Zucker verrühren. 3–4 EL Öl unterschlagen.

4 Brunnenkresse putzen, waschen und gut abtropfen lassen. Tomaten waschen und halbieren. Lauchzwiebeln putzen, waschen und in feine Ringe schneiden. Alles mit Linsen und Vinaigrette vorsichtig mischen und auf einer Platte anrichten. Kartoffelcroûtons und Frischkäse in Stückchen darüberstreuen.

ZUBEREITUNGSZEIT ca. 45 Min.
PORTION ca. 350 kcal
E 13 g · F 17 g · KH 34 g

Bohnensalat mit gratiniertem Ziegenkäse

ZUTATEN FÜR 4 PERSONEN
- ♥ 600 g grüne Bohnen
- ♥ Salz
- ♥ 2 Schalotten oder 1 Zwiebel
- ♥ 4 EL Weißweinessig
- ♥ 2 EL körniger Senf ♥ Pfeffer
- ♥ 3 EL Olivenöl
- ♥ ½ Bund Radieschen
- ♥ 100 g Babysalatmix
- ♥ 2 Rollen (à 200 g) Ziegencamembert
- ♥ 2 EL flüssiger Honig
- ♥ Backpapier

1 Bohnen putzen, waschen und in kochendem Salzwasser zugedeckt 10–12 Minuten garen. Abgießen und abkühlen lassen.

2 FÜR DIE VINAIGRETTE Schalotten schälen und fein würfeln. Essig, Senf, Schalotten, Salz und Pfeffer verrühren. Öl unterschlagen.

3 Radieschen putzen, waschen und in dünne Scheiben schneiden. Salat verlesen, waschen und abtropfen lassen.

4 FÜR DEN KÄSE Käserollen in ca. 12 Scheiben schneiden und auf ein mit Backpapier ausgelegtes Backblech legen. Mit Honig beträufeln und im vorgeheizten Backofen (E-Herd: 225 °C/Umluft: 200 °C/Gas: s. Hersteller) ca. 5 Minuten gratinieren.

5 Salat, Bohnen und Radieschen mit dem Dressing mischen. Ziegenkäse darauf anrichten. Dazu passt Baguette.

ZUBEREITUNGSZEIT ca. 30 Min. + Wartezeit ca. 1 Std.
PORTION ca. 480 kcal
E 25 g · F 32 g · KH 20 g

Filderkraut mit Filet und Schupfnudeln

ZUTATEN FÜR 4 PERSONEN

- ♥ 1 kg Kartoffeln ♥ Salz
- ♥ 100 g Mehl
- ♥ 2 EL Speisestärke
- ♥ 1 Ei (Gr. M) ♥ Muskat
- ♥ Mehl für die Arbeitsfläche
- ♥ 1 Spitzkohl (ca. 1,2 kg)
- ♥ 2 Zwiebeln
- ♥ 2 Knoblauchzehen
- ♥ 4 EL Butterschmalz
- ♥ 1 TL körniger Senf
- ♥ 1 EL Kümmel (ganz)
- ♥ 125 ml trockener Weißwein
- ♥ 600 g Schweinefilet
- ♥ 200 g Schlagsahne

1 FÜR DIE SCHNUPFNUDELN Kartoffeln schälen, waschen und zugedeckt in Salzwasser ca. 20 Minuten kochen. Abgießen, durch eine Kartoffelpresse drücken und abkühlen lassen. Mit 100 g Mehl, Stärke, Ei, Salz und Muskat verkneten.

2 Kartoffelteig auf etwas Mehl zu fingerdicken Rollen formen und in 3–4 cm lange Stücke schneiden. Diese zu Schupfnudeln mit spitz zulaufenden Enden formen. In reichlich siedendem Salzwasser portionsweise 3–4 Minuten gar ziehen lassen. Herausheben und gut abtropfen lassen.

3 FÜR DAS FILDERKRAUT Spitzkohl putzen, waschen, vierteln, in Streifen vom Strunk schneiden. Zwiebeln und Knoblauch schälen und fein würfeln.

4 2 EL Butterschmalz in einem Bräter erhitzen. Zwiebeln, Knoblauch und Spitzkohl darin ca. 10 Minuten dünsten. Mit Senf, Salz und Kümmel würzen. Wein angießen und aufkochen.

5 Fleisch trocken tupfen, in Scheiben schneiden und auf den Kohl legen. Zugedeckt 10–15 Minuten weiterschmoren. Nach ca. 5 Minuten Sahne angießen und fertig schmoren.

6 Schupfnudeln in 2 EL heißem Butterschmalz goldbraun braten. Filderkraut mit Salz und Pfeffer abschmecken. Alles anrichten.

ZUBEREITUNGSZEIT ca. 1 ½ Std.
PORTION ca. 790 kcal
E 49 g · F 32 g · KH 66 g

FILDERKRAUT

Auf den Fildern – einer fruchtbaren Hochebene südlich von Stuttgart – wird dieser spitz zulaufende Weißkohl angebaut. Er ist feiner im Geschmack als runder Weißkohl und größer als normaler Spitzkohl.

Westfälisches Blindhuhn

ZUTATEN FÜR 4 PERSONEN

- 2 Zwiebeln
- 300 g geräucherter durchwachsener Speck
- 400 g grüne Bohnen
- 3–4 Möhren
- 300 g Kartoffeln
- 2 kleine Äpfel
- 2 kleine Birnen
- 2 Stiele Bohnenkraut
- 5 Stiele Oregano
- 1 Dose (425 ml) weiße Bohnenkerne
- 4 TL Gemüsebrühe (instant)
- Salz • Pfeffer
- 2–3 EL Apfelessig • Zucker

1 Zwiebeln schälen und würfeln. Speck, Zwiebeln und 500 ml Wasser in einem Topf aufkochen. Zugedeckt ca. 1 Stunde köcheln.

2 Inzwischen grüne Bohnen putzen und waschen. Möhren und Kartoffeln schälen, waschen und in Würfel schneiden. Äpfel und Birnen schälen, vierteln und entkernen. Äpfel in Würfel, Birnen in Spalten schneiden. Bohnenkraut und Oregano waschen und die Blättchen abzupfen. Weiße Bohnenkerne in einem Sieb mit kaltem Wasser abspülen und abtropfen lassen.

3 Speck aus der Brühe heben. Vorbereitete Zutaten mit 1 l Wasser und Brühe in den Topf geben. Alles aufkochen und zugedeckt ca. 30 Minuten köcheln. Speck in Scheiben schneiden und wieder dazugeben. Eintopf mit Salz, Pfeffer, Essig und etwas Zucker abschmecken.

ZUBEREITUNGSZEIT ca. 1 ¾ Std.
PORTION ca. 710 kcal
E 16 g · F 50 g · KH 42 g

Kräutersuppe mit Ei

ZUTATEN FÜR 4 PERSONEN

- ♥ 3 Zwiebeln
- ♥ 1 kleine Stange Porree
- ♥ 500 g Kartoffeln
- ♥ 2 EL Öl
- ♥ 150 ml Weißwein
- ♥ 3 TL Gemüsebrühe (instant)
- ♥ 4 Eier
- ♥ 150 g Brunnenkresse
- ♥ 2 Bund gemischte Kräuter (z. B. Petersilie, Schnittlauch, Sauerampfer, Kerbel)
- ♥ 4–5 Radieschen
- ♥ 250 g Schlagsahne
- ♥ Salz ♥ Pfeffer

1 Zwiebeln schälen und grob würfeln. Porree putzen, waschen und in Ringe schneiden. Kartoffeln schälen, waschen und grob würfeln.

2 Öl in einem Topf erhitzen. Zwiebeln, Porree und Kartoffeln darin kurz andünsten. Mit Wein und 800 ml Wasser ablöschen und die Brühe einrühren. Alles aufkochen und 15–20 Minuten zugedeckt köcheln.

3 Inzwischen Eier ca. 8 Minuten wachsweich kochen. Abschrecken. Brunnenkresse putzen. Brunnenkresse und übrige Kräuter waschen und hacken. Radieschen putzen, waschen und in dünne Scheiben schneiden.

4 Ca. ¾ Kräuter in die Suppe geben und alles mit dem Stabmixer fein pürieren. Sahne einrühren und die Suppe mit Salz und Pfeffer abschmecken. Eier schälen und halbieren. Suppe mit Radieschen, Eihälften und restlichen Kräutern anrichten.

ZUBEREITUNGSZEIT ca. 45 Min.
PORTION ca. 450 kcal
E 13 g · F 32 · KH 21 g

Schneller Möhreneintopf mit Wurst

ZUTATEN FÜR 4 PERSONEN

- ♥ 2 Zwiebeln
- ♥ 1 Knoblauchzehe
- ♥ 750 g Möhren
- ♥ 500 g Kartoffeln
- ♥ 1 EL Butterschmalz
- ♥ 4 TL klare Brühe (instant)
- ♥ 4 Mettenden
- ♥ 1 Bund Petersilie
- ♥ Salz ♥ Pfeffer

1 Zwiebeln und Knoblauch schälen und hacken. Möhren und Kartoffeln schälen, waschen, in Würfel schneiden.

2 Butterschmalz in einem Topf erhitzen. Zwiebeln, Knoblauch, Möhren und Kartoffeln darin andünsten. Ca. 1 l Wasser, Brühe und Mettenden zufügen und alles aufkochen. Zugedeckt ca. 20 Minuten köcheln.

3 Mettenden aus dem Eintopf nehmen, in Scheiben schneiden und wieder in den Eintopf geben. Petersilie waschen, hacken und unterrühren. Eintopf mit Salz und Pfeffer abschmecken.

ZUBEREITUNGSZEIT ca. 30 Min.
PORTION ca. 200 kcal
E 9 g · F 12 g · KH 13 g

VEGETARISCHE VARIANTE

Dieser Eintopf lässt sich auch hervorragend ohne Fleisch zubereiten. Einfach Gemüsebrühe nehmen und die Mettenden durch geräucherten Tofu ersetzen. Diesen in den letzten 5 Minuten in der Suppe erhitzen.

Birnen-Bohnen-Speck-Auflauf

ZUTATEN FÜR 4 PERSONEN

- ♥ 750 g Kartoffeln ♥ Salz
- ♥ 1 Zwiebel
- ♥ 600 g grüne Bohnen
- ♥ 6 Stiele Bohnenkraut ♥ 1 EL Öl
- ♥ 2 reife Birnen (z. B. Williams Christ)
- ♥ 5 Stiele Petersilie
- ♥ 150 ml Milch
- ♥ 2 EL Butter ♥ Muskat
- ♥ ca. 200 g Frühstücksspeck (Bacon)
- ♥ Küchengarn

1 FÜR DAS KARTOFFELPÜREE Kartoffeln schälen, waschen und in Stücke schneiden. In Salzwasser zugedeckt ca. 20 Minuten kochen.

2 FÜR DIE BOHNEN Zwiebel schälen, grob würfeln. Bohnen putzen, waschen und einmal durchbrechen. Bohnenkraut waschen und zusammenbinden.

3 Öl in einem Topf erhitzen und die Zwiebelwürfel darin glasig dünsten. Mit 375 ml Wasser ablöschen und aufkochen. 1 TL Salz, Bohnen und Bohnenkraut zufügen. Zugedeckt zunächst ca. 10 Minuten kochen.

4 Birnen waschen, halbieren und entkernen. Birnen in dicke Spalten schneiden und auf die Bohnen legen. Zugedeckt ca. 5 Minuten weiterköcheln.

5 Petersilie waschen und hacken. Kartoffeln abgießen. Milch und Butter zufügen und alles fein stampfen. Mit Salz und Muskat abschmecken.

6 Eine Auflaufform (ca. 26 cm Ø) mit Speck auslegen. Püree in die Form streichen. Bohnen und Birnen abtropfen lassen, Bohnenkraut entfernen. Petersilie unter das Gemüse mischen. Bohnen und Birnen auf dem Püree verteilen. Alles mit den überhängenden Speckscheiben bedecken. Auflauf im vorgeheizten Backofen (E-Herd: 200°C/Umluft: 175°C/Gas: s. Hersteller) ca. 40 Minuten knusprig backen.

ZUBEREITUNGSZEIT ca. 1½ Std.
PORTION ca. 500 kcal
E 16 g · F 26 g · KH 46 g

Bubespitzle* mit Kraut und Schwarzwälder Schinken

ZUTATEN FÜR 4 PERSONEN

- ♥ 1 kg mehligkochende Kartoffeln
- ♥ 1 große Zwiebel
- ♥ 50 g geräucherter durchwachsener Speck
- ♥ 1–2 EL Öl
- ♥ 1 Dose (850 ml) Sauerkraut
- ♥ 1 Lorbeerblatt
- ♥ 4–5 Wacholderbeeren
- ♥ 100 g Mehl
- ♥ 2 EL Speisestärke
- ♥ 1 Ei (Gr. M) ♥ Salz ♥ Muskat
- ♥ Mehl für die Arbeitsfläche
- ♥ 6 EL Butter
- ♥ 200 g Schwarzwälder Schinken in dünnen Scheiben

1 FÜR DIE BUBESPITZLE Kartoffeln waschen und zugedeckt ca. 20 Minuten kochen. Abschrecken, schälen und heiß durch die Kartoffelpresse drücken. Abkühlen lassen.

2 FÜR DAS KRAUT Zwiebel schälen. Zwiebel und Speck würfeln. Öl in einer Pfanne erhitzen. Speck darin knusprig braten. Zwiebel kurz mitbraten. Sauerkraut zufügen und kräftig anbraten. Knapp 200 ml Wasser, Lorbeer und Wacholder zufügen. Aufkochen und zugedeckt ca. 30 Minuten schmoren.

3 FÜR DIE BUBESPITZLE Kartoffeln, Mehl, Stärke, Ei, 1 TL Salz und Muskat verkneten. Teig portionsweise auf wenig Mehl zu fingerdicken Rollen formen. In 5–6 cm lange Stücke schneiden und die Enden zu Spitzen formen.

4 Reichlich Salzwasser aufkochen. Bubespitzle darin portionsweise bei schwacher Hitze ca. 3 Minuten gar ziehen lassen. Abtropfen lassen.

5 Butter in einer großen Pfanne erhitzen. Bubespitzle darin rundherum goldbraun braten. Sauerkraut unterheben. Mit Pfeffer, etwas Zucker und eventuell Salz abschmecken. Mit Schinken anrichten.

ZUBEREITUNGSZEIT ca. 1 ¾ Std. + Wartezeit ca. 1 Std.
PORTION ca. 770 kcal
E 22 g · F 43 g · KH 68 g

* Regionale Bezeichnung für Schupfnudeln, vor allem in der Pfalz, im Schwäbischen und in Teilen Badens

Steckrübenmus mit Speck

ZUTATEN FÜR 4 PERSONEN

- ♥ 2 Zwiebeln
- ♥ 1 Steckrübe (ca. 1,5 kg)
- ♥ 500 g Möhren
- ♥ 1 kg Kartoffeln
- ♥ 400 g geräucherter durchwachsener Speck
- ♥ 2 EL Öl
- ♥ 2 EL Zucker
- ♥ 2 TL Gemüsebrühe (instant)
- ♥ Salz ♥ Pfeffer
- ♥ 6 Stiele Petersilie
- ♥ 4 EL Butter

1 Zwiebeln schälen und würfeln. Steckrübe, Möhren und Kartoffeln schälen und waschen. Steckrübe und Kartoffeln würfeln, Möhren in Scheiben schneiden.

2 Öl in einem Topf erhitzen. Zwiebeln und Möhren darin andünsten. Zucker darüberstreuen und hellgelb karamellisieren. Steckrübe, Kartoffeln und Speck zufügen. Mit 600 ml Wasser ablöschen und Brühe einrühren. Mit Salz und Pfeffer würzen. Alles aufkochen und zugedeckt ca. 45 Minuten garen.

3 Petersilie waschen und fein schneiden. Speck herausnehmen. Butter zum Gemüse geben und alles grob zerstampfen. Mit Salz und Pfeffer abschmecken. Petersilie unterrühren. Speck in dünne Scheiben schneiden und das Steckrübenmus damit anrichten.

ZUBEREITUNGSZEIT ca. 1 ¼ Std.
PORTION ca. 820 kcal
E 15 g · F 51 g · KH 69 g

GROB GESTAMPFT
Das Steckrübenmus darf ruhig noch etwas stückig sein. Daher nicht zu fein zerkleinern.

Frühlingstarte mit Spargel

ZUTATEN FÜR 8 STÜCKE

- ♥ 400 g weißer Spargel
- ♥ 2 Möhren
- ♥ 50 g Zuckerschoten
- ♥ 1 Zwiebel
- ♥ 2 EL Öl ♥ Salz ♥ Pfeffer
- ♥ 1 Packung (270 g) frischer Blätterteig (ca. 24 x 42 cm; Kühltheke)
- ♥ 75 g Gouda (Stück)
- ♥ 125 g Mozzarella
- ♥ 1 Knoblauchzehe
- ♥ 200 g Schmand
- ♥ 2 Eier (Gr. M) ♥ Zucker

1 Spargel waschen, schälen und die holzigen Enden abschneiden. Möhren schälen, waschen und längs halbieren. Spargel und Möhren in Stücke schneiden. Zuckerschoten putzen, waschen und halbieren oder dritteln. Zwiebel schälen und in feine Würfel schneiden.

2 Öl in einer Pfanne erhitzen. Spargel, Möhren und Zwiebel darin unter Wenden 3–4 Minuten dünsten. Zuckerschoten zufügen und 2–3 Minuten weiterdünsten. Mit Salz und Pfeffer würzen. Aus der Pfanne nehmen und abkühlen lassen.

3 Blätterteig ca. 10 Minuten bei Zimmertemperatur ruhen lassen. Inzwischen Gouda reiben, Mozzarella zerzupfen. Knoblauch schälen und fein hacken. Schmand, Eier und Knoblauch verrühren. Mit Salz, Pfeffer und 1 Prise Zucker würzen.

4 Teig samt Backpapier entrollen und mit dem Backpapier nach unten in eine rechteckige Tarte- oder Backform (ca. 20 x 35 cm) legen. Am Rand hochdrücken. Gemüsemischung einfüllen, mit Schmandguss übergießen. Gesamten Käse auf der Tarte verteilen.

5 Im vorgeheizten Backofen (E-Herd: 200 °C/Umluft: 175 °C/Gas: s. Hersteller) 30–35 Minuten backen, bis die Eiermasse gestockt ist. Dazu schmeckt Kräuterschmand.

ZUBEREITUNGSZEIT ca. 1 Std.
PORTION ca. 340 kcal
E 11 g · F 26 g · KH 14 g

Kürbisgulasch mit Röstzwiebelkoteletts

ZUTATEN FÜR 4 PERSONEN

- ♥ 1 kleiner Hokkaidokürbis (ca. 550 g)
- ♥ 3 Zwiebeln ♥ 2–3 Knoblauchzehen
- ♥ 500 g Tomaten
- ♥ 1 kg vorwiegend festkochende Kartoffeln
- ♥ 2–3 EL Öl
- ♥ 1 EL Tomatenmark
- ♥ 1 gestrichener EL Mehl
- ♥ Salz ♥ Pfeffer ♥ Edelsüßpaprika ♥ Zucker
- ♥ 2 TL Gemüsebrühe (instant)
- ♥ 4 Schweinekoteletts (à ca. 200 g)
- ♥ 2 EL Butterschmalz ♥ 2 EL Butter
- ♥ 100 g Röstzwiebeln

1 FÜR DAS KÜRBISGULASCH Kürbis putzen, waschen und in Spalten schneiden. Kerngehäuse entfernen. Fruchtfleisch samt Schale grob würfeln. Zwiebeln und Knoblauch schälen und hacken. Tomaten waschen und in Stücke schneiden. Kartoffeln schälen, waschen und grob würfeln.

2 Öl in einem großen Topf erhitzen. Zwiebeln und Knoblauch darin andünsten. Kartoffeln und Kürbis zufügen und kurz mitbraten. Tomaten zufügen. Tomatenmark einrühren. Mehl darüberstäuben und kurz anschwitzen. Mit Salz, Pfeffer, Edelsüßpaprika und 1 Prise Zucker würzen. 500 ml Wasser angießen, aufkochen und Brühe einrühren. Zugedeckt 25–30 Minuten köcheln.

3 FÜR DIE KOTELETTS Fleisch abspülen, trocken tupfen, mit Salz und Pfeffer würzen. Butterschmalz in einer großen Pfanne erhitzen. Koteletts darin von jeder Seite 5–6 Minuten braten. Kurz vor Ende der Bratzeit Butter und Röstzwiebeln zufügen, Koteletts darin wenden. Mit Kürbisgulasch anrichten.

ZUBEREITUNGSZEIT ca. 1 Std.
PORTION ca. 730 kcal
E 44 g · F 34 g · KH 56 g

Lippische Zuckergurken

ZUTATEN FÜR 2 GLÄSER (À CA. 750 ML INHALT)

- 2 kg gelbe Schmorgurken
- 750 ml Weißweinessig
- 3 EL + 600 g Zucker
- 2 EL Senfkörner
- 2 Lorbeerblätter ♥ 1 TL Salz

1 Gurken schälen, waschen, längs halbieren und entkernen. Gurkenhälften in dicke Scheiben schneiden. Mit Essig und 3 EL Zucker aufkochen und 10–15 Minuten köcheln, bis die Gurken glasig sind. Mit einer Schaumkelle herausheben und in vorbereitete Twist-off-Gläser füllen.

2 Sud mit 600 g Zucker, Senfkörnern, Lorbeer und Salz aufkochen und weiterköcheln, bis sich der Zucker gelöst hat. Heiß über die Gurken gießen und die Gläser sofort gut verschließen. Auskühlen lassen und an einem kühlen dunklen Ort ca. 4 Wochen ziehen lassen.

ZUBEREITUNGSZEIT ca. 1 ¼ Std. +
Wartezeit ca. 4 Wochen
HALTBARKEIT ca. 6 Monate

Eingelegte Rote Beten

ZUTATEN FÜR 5 GLÄSER (À CA. 500 ML INHALT)

- 2 kg Rote Beten ♥ Salz
- 150 g Schalotten
- 125 g Zucker
- 375 ml Weißweinessig
- 5 Lorbeerblätter

1 Rote Beten putzen, waschen und in Salzwasser ca. 40 Minuten kochen. Inzwischen Schalotten schälen.

2 FÜR DEN SUD 750 ml Wasser, Zucker, Essig und Lorbeer aufkochen und offen ca. 5 Minuten köcheln.

3 Rote Beten abschrecken, schälen (Vorsicht, färben stark! Einmalhandschuhe tragen) und in Scheiben schneiden. Mit Schalotten in Weck- oder Twist-off-Gläser füllen und mit dem heißen Sud bedecken. Gläser gut verschließen. Auf die Fettpfanne stellen und in den vorgeheizten Backofen (E-Herd: 200 °C/Umluft: 175 °C/Gas: s. Hersteller) schieben. Kochendes Wasser in die Fettpfanne gießen, sodass die Gläser zu ca. 2 cm darin stehen. Backofentemperatur herunterschalten (E-Herd: 100 °C/Umluft: 75 °C/Gas: s. Hersteller) und die Roten Beten ca. 30 Minuten einkochen.

ZUBEREITUNGSZEIT ca. 2 Std.
HALTBARKEIT ca. 9 Monate

Quittengelee

ZUTATEN FÜR CA. 8 GLÄSER (À CA. 250 ML INHALT)

♥ 4–6 kg Apfel- oder Birnenquitten
♥ 1 kg Gelierzucker (2 : 1)

1 AM VORTAG Quitten mit einem trockenen Tuch gründlich abreiben und den feinen Flaum entfernen. Früchte waschen und samt Kerngehäuse grob zerteilen. Mit 2 l Wasser in einem großen Topf aufkochen und zugedeckt ca. 1 Stunde köcheln.

2 2 Durchschläge jeweils in einen Topf hängen und mit je einem angefeuchteten Mulltuch auslegen. Gekochte Quitten samt Flüssigkeit auf die Mulltücher verteilen und über Nacht abtropfen lassen.

3 AM NÄCHSTEN TAG Tücher mit den Quitten ausdrücken. 1,8 l Saft abmessen. Saft und Gelierzucker in einem großen Topf verrühren. Bei starker Hitze aufkochen und mindestens 4 Minuten sprudelnd kochen. Gelee sofort in vorbereitete Twist-off-Gläser füllen. Gläser verschließen und ca. 5 Minuten auf den Deckel stellen. Wieder umdrehen und auskühlen lassen.

ZUBEREITUNGSZEIT ca. 2 Std. +
Wartezeit ca. 12 Std.
HALTBARKEIT 6–9 Monate

Heidelbeer-Vanille-Konfitüre

ZUTATEN FÜR 6 GLÄSER (À CA. 200 ML INHALT)

♥ ca. 1100 g Heidelbeeren
♥ 1 Zitrone
♥ 1 Vanilleschote
♥ 500 g Gelierzucker (2 : 1)

1 Heidelbeeren verlesen, waschen und gut abtropfen lassen. 1 kg Heidelbeeren abwiegen. Zitrone auspressen. Vanilleschote längs einschneiden und das Mark herauskratzen. Heidelbeeren, Zitronensaft, Vanillemark und Gelierzucker in einem großen Topf mischen. Dann mit einem Kartoffelstampfer grob zerstampfen. Vanilleschote zufügen.

2 Alles unter ständigem Rühren bei starker Hitze aufkochen. Dann unter ständigem Rühren ca. 4 Minuten durch und durch sprudelnd kochen. Vanilleschote entfernen. Konfitüre sofort randvoll in vorbereitete Twist-off-Gläser füllen. Gläser verschließen und ca. 5 Minuten auf den Deckel stellen. Wieder umdrehen und auskühlen lassen.

ZUBEREITUNGSZEIT ca. 20 Min.
HALTBARKEIT 6–9 Monate

Müritzer Klütersuppe

ZUTATEN FÜR 4 PERSONEN

♥ 1 Ei (Gr. M)
♥ 50 g + 100 g Zucker
♥ 150 g Mehl
♥ ½ TL Backpulver ♥ Salz
♥ 1,2 kg Süßkirschen
♥ 1 EL Speisestärke

1 FÜR DEN KLÜTERTEIG Ei und 50 g Zucker mit den Schnee-besen des Rührgerätes weißcremig aufschlagen. Mehl und Backpulver mischen und unterrühren.

2 In einem weiten Topf reichlich Wasser mit etwas Salz aufkochen. Von dem Teig mit einem Teelöffel kleine Stück-chen abstechen und darin ca. 15 Minuten gar ziehen lassen. Herausheben und abtropfen lassen.

3 FÜR DIE SUPPE Kirschen waschen, entstielen und entstei-nen. Mit 100 g Zucker und 1 l Wasser in einen Topf geben. Aufkochen und zugedeckt ca. 10 Minuten köcheln. Stärke und 3 EL Wasser glatt rühren. In die kochende Suppe rühren, erneut aufkochen und ca. 1 Minute köcheln. Heiß oder kalt mit den Klütern servieren.

ZUBEREITUNGSZEIT ca. 1 Std.
PORTION ca. 430 kcal
E 8 g · F 3 g · KH 91 g

Verschleiertes Bauernmädchen

ZUTATEN FÜR 4 PERSONEN

♥ 500 g Äpfel ♥ 10 EL Zucker
♥ 150 ml klarer Apfelsaft ♥ 3–4 EL Zitronensaft
♥ 1–2 TL Speisestärke ♥ ¼ TL gemahlener Zimt
♥ 125 g Pumpernickel ♥ ½ TL Butter
♥ 125 g Vollmilchjoghurt
♥ 1 Päckchen Vanillezucker
♥ 125 g Schlagsahne

1 FÜR DAS KOMPOTT Äpfel schälen, vierteln, entkernen und in Spalten schneiden. Mit 6 EL Zucker, Apfel- und Zitronensaft in einem Topf aufkochen. Bei schwacher Hitze ca. 5 Minuten weich dünsten, aber nicht zerfallen lassen. Stärke und 2–3 EL Wasser glatt rühren. Äpfel damit binden. Zimt unter-rühren. Kompott auskühlen lassen.

2 FÜR DIE BRÖSELMASSE Pumpernickel mit den Händen fein zerbröseln. Butter in einer Pfanne schmelzen. Brösel darin ca. 2 Minuten knusprig rösten. 2 EL Zucker zufügen und ca. 2 Mi-nuten karamellisieren. Auskühlen lassen.

3 Joghurt, 2 EL Zucker und Vanillezucker verrühren. Sahne steif schlagen und unter den Joghurt heben. Pumpernickel, Kompott und Vanillecreme in vier Gläser schichten.

ZUBEREITUNGSZEIT ca. 25 Min. +
Wartezeit ca. 1 ½ Std.
PORTION ca. 380 kcal
E 4 g · F 12 g · KH 63 g

Rhabarbergratin mit Grießnockerln

ZUTATEN FÜR 4 PERSONEN

- ♥ 500 g Rhabarber
- ♥ 2 EL Zitronensaft
- ♥ 2 TL Speisestärke
- ♥ 8–9 EL Zucker
- ♥ 750 ml Milch
- ♥ 1 Päckchen Vanillezucker ♥ Salz
- ♥ 175 g Weichweizengrieß
- ♥ 2 Eier (Gr. M)
- ♥ 100 g Schmand
- ♥ 1 EL Mandelblättchen

1 FÜR DAS KOMPOTT Rhabarber putzen, waschen, klein schneiden. Mit Zitronensaft und knapp 125 ml Wasser aufkochen und ca. 5 Minuten kocheln. Stärke und 2 EL Wasser glatt rühren. Unter den Rhabarber rühren und nochmals aufkochen. Kompott mit 4–5 EL Zucker abschmecken.

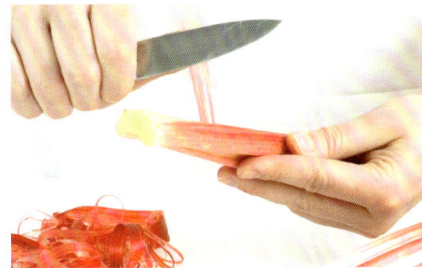

2 FÜR DIE NOCKERLN Milch, 3 EL Zucker, Vanillezucker und 1 Prise Salz aufkochen. Grieß einrühren, aufkochen und unter Rühren bei schwacher Hitze ca. 5 Minuten quellen lassen.

3 1 Ei trennen. Eiweiß steif schlagen, dabei 1 EL Zucker einrieseln lassen. Eigelb erst mit etwas heißem Grieß verrühren, dann unter den übrigen Grieß rühren. Eischnee unterheben.

4 Rhabarber in eine flache Auflaufform füllen. Von der Grießmasse mit zwei Esslöffeln Nocken abstechen und daraufsetzen. Schmand und 1 Ei verrühren und darübergießen. Mit Mandeln bestreuen. Alles im vorgeheizten Backofen (E-Herd: 200 °C/Umluft: 175 °C/Gas: s. Hersteller) ca. 20 Minuten gratinieren.

ZUBEREITUNGSZEIT ca. 1¼ Std.
PORTION ca. 510 kcal
E 16 g · F 18 g · KH 68 g

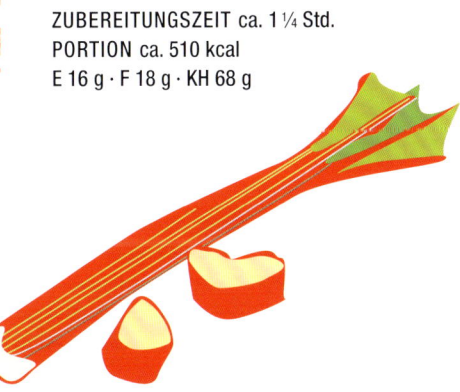

Saisonkalender

Kurze Transportwege, optimale Frische, viel Geschmack – Produkte aus heimischem Anbau haben viele Vorteile. Je nach Anbauregion und Witterung läuft die Saison für Obst und Gemüse zuerst langsam an, um sich dann zu einem üppigen Angebot zu steigern. Diese Übersicht zeigt, wann Sie am besten zugreifen können

| | | Monate geringen Angebots – höhere Preise | | | Monate steigenden/fallenden Angebots | | | Monate starken Angebots – geringere Preise | | | Überwiegend aus heimischem Freilandanbau |

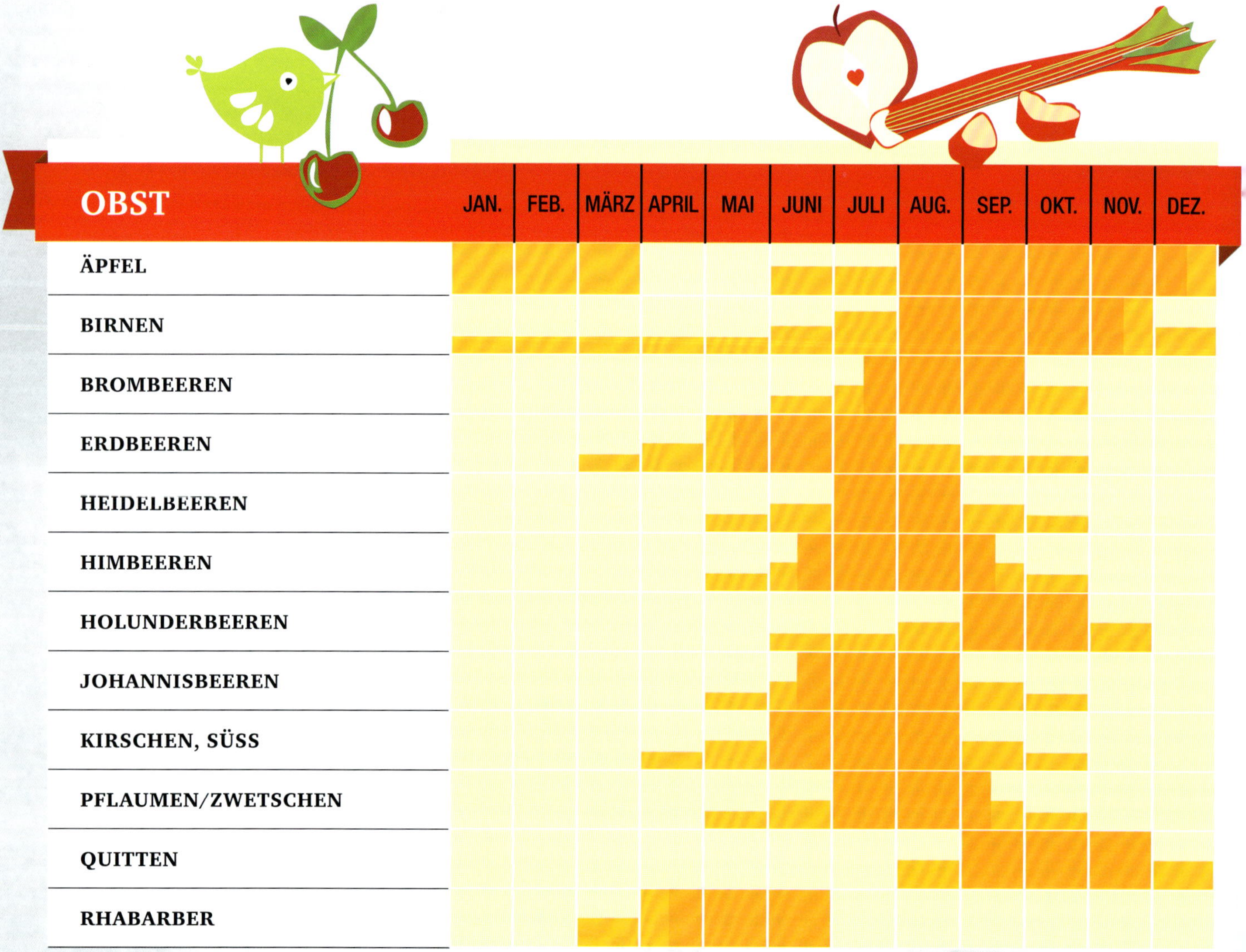

OBST	JAN.	FEB.	MÄRZ	APRIL	MAI	JUNI	JULI	AUG.	SEP.	OKT.	NOV.	DEZ.
ÄPFEL												
BIRNEN												
BROMBEEREN												
ERDBEEREN												
HEIDELBEEREN												
HIMBEEREN												
HOLUNDERBEEREN												
JOHANNISBEEREN												
KIRSCHEN, SÜSS												
PFLAUMEN/ZWETSCHEN												
QUITTEN												
RHABARBER												

GEMÜSE	JAN.	FEB.	MÄRZ	APRIL	MAI	JUNI	JULI	AUG.	SEP.	OKT.	NOV.	DEZ.
BLUMENKOHL	■	■	■	■	■	■	■	■	■	■	■	■
BUSCH- & STANGENBOHNEN			■	■	■	■	■	■	■	■	■	■
GRÜNKOHL	■	■	■	■						■	■	■
KARTOFFELN	■	■	■	■	■	■	■	■	■	■	■	■
KNOLLENSELLERIE	■	■	■	■			■	■	■	■	■	■
KOHLRABI	■	■	■	■	■	■	■	■	■	■	■	
KÜRBIS	■							■	■	■	■	■
MANGOLD				■	■	■	■	■	■	■	■	
MÖHREN	■	■	■	■	■	■	■	■	■	■	■	■
PAPRIKA	■	■	■	■	■	■	■	■	■	■	■	■
PFIFFERLINGE							■	■	■	■		
PORREE	■	■	■	■	■	■	■	■	■	■	■	■
RADIESCHEN	■	■	■	■	■	■	■	■	■	■	■	■
ROSENKOHL	■	■	■	■					■	■	■	■
ROTE BETEN	■	■	■	■	■	■	■	■	■	■	■	■
ROTKOHL	■	■	■	■	■	■	■	■	■	■	■	■
SALATGURKEN	■	■	■	■	■	■	■	■	■	■	■	■
SPARGEL			■	■	■	■						
SPINAT	■	■	■	■	■	■			■	■	■	■
STECKRÜBEN	■	■	■					■	■	■	■	■
TOMATEN	■	■	■	■	■	■	■	■	■	■	■	■
WEISS- & SPITZKOHL	■	■	■	■	■	■	■	■	■	■	■	■
WIRSING	■	■	■	■	■	■	■	■	■	■	■	■
ZUCCHINI				■	■	■	■	■	■	■		
ZWIEBELN	■	■	■	■	■	■	■	■	■	■	■	■

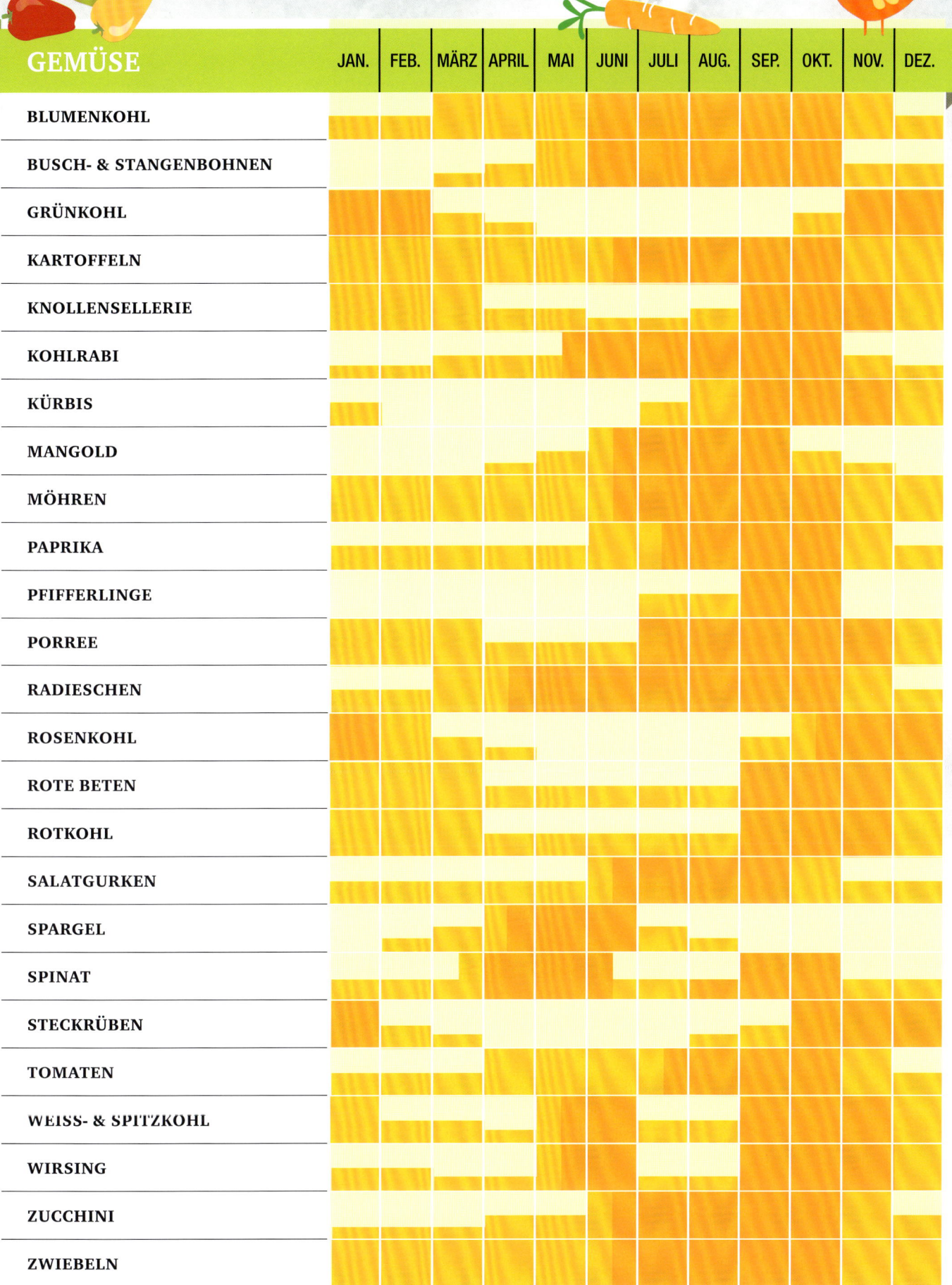

Von Wiesen und Weiden

Saftige Salzwiesen erstrecken sich hoch im Norden über die Marschen. Gemütlich grasen hier Schafe und Lämmer, und indem sie in ihrem weißen Wollkleid über die Deiche laufen, tragen sie auch noch zum Küstenschutz bei.

Weiter südlich bezaubern farbenfrohe Blumenwiesen, etwa auf den ehemaligen Vulkankegeln der Rhön. Hier summen Bienen zwischen Löwenzahn und Gänseblümchen, Pfauenauge und Zitronenfalter tanzen um die Wette, und auf den benachbarten Weiden schauen Kühe dem bunten Treiben zu.

Einfach paradiesisch, auch für Liebhaber fein marmorierten, zarten Fleisches, das diese Art Tierhaltung hervorbringt. Ob Rhöner Lammhaxen oder gefüllte Kalbsbrust, Berliner Bollenfleisch oder Rinderrouladen, mit dem Besten von Lamm oder Rind schmeckt's noch mal so gut!

Dem Milchvieh auf den Weiden verdanken wir außerdem würzigen Käse und cremige Milchprodukte, aus denen wir erfrischende Köstlichkeiten zaubern – Genießerherz, was willst du mehr?

Rinderschulter in Burgundersoße
Rezept auf Seite 76

REZEPT zu Seite 75

Rinderschulter in Burgundersoße

ZUTATEN FÜR 6 PERSONEN

- ♥ 3 Zwiebeln ♥ je 4 Stiele Petersilie und Thymian ♥ 1 Lorbeerzweig
- ♥ 1,5 kg Rinderschulter (ohne Knochen)
- ♥ Salz ♥ Pfeffer ♥ 3 EL Öl ♥ 1 EL Tomatenmark
- ♥ 500 ml Rotwein (z. B. Spätburgunder)
- ♥ 1 Glas (400 ml) Rinderfond oder 1–2 TL Rinderbrühe (instant)
- ♥ 8–10 schwarze Pfefferkörner
- ♥ 2 große Möhren ♥ 200 g Knollensellerie
- ♥ 1 Stange Porree
- ♥ 2 gestrichene EL Speisestärke ♥ Zucker

1 Zwiebeln schälen und würfeln. Kräuter waschen und zusammenbinden. Fleisch trocken tupfen. Mit Salz und Pfeffer einreiben. Öl in einem Bräter erhitzen. Fleisch darin rundherum kräftig anbraten. Zwiebeln kurz mitbraten. Tomatenmark mit anschwitzen. Mit Wein und Fond (bzw. 400 ml Wasser und Brühe) ablöschen. Pfefferkörner und Kräuterstrauß zufügen und alles aufkochen.

2 Braten zugedeckt im vorgeheizten Ofen (E-Herd: 175 °C/Umluft: 150 °C/ Gas: s. Hersteller) ca. 2 ½ Stunden schmoren. Öfter mit Fond beschöpfen.

3 Möhren, Sellerie und Porree schälen bzw. putzen, waschen und klein schneiden. Gemüse in den letzten ca. 30 Minuten zufügen und mitschmoren.

4 Braten warm stellen. Bratenfond samt Gemüse aufkochen. Stärke und 5 EL Wasser glatt rühren. In den Fond rühren und ca. 1 Minute köcheln. Mit Salz, Pfeffer und 1 Prise Zucker abschmecken. Fleisch aufschneiden und alles anrichten. Dazu schmecken grüne Bohnen und Röstkartoffeln.

ZUBEREITUNGSZEIT ca. 3 Std.
PORTION ca. 460 kcal
E 53 g · F 17 g · KH 7 g

Harzer-Käse-Salat mit Knusperspeck

ZUTATEN FÜR 4 PERSONEN

- ♥ 2 Rollen (à 125 g) Harzer Käse
- ♥ 2 kleine Zwiebeln
- ♥ 4 Scheiben Frühstücksspeck (Bacon)
- ♥ 2 EL Weißweinessig ♥ 1 EL Öl
- ♥ 1 TL ganzer Kümmel ♥ Salz ♥ Pfeffer
- ♥ ½ Bund Schnittlauch

1 Harzer in dicke Scheiben schneiden. Zwiebeln schälen und in feine Ringe hobeln oder schneiden. Speck in Streifen schneiden.

2 Speck in einer Pfanne knusprig braten. Herausnehmen. Essig und Öl verrühren. Mit Käse, Zwiebeln, Kümmel und Speck mischen. Mit Salz und Pfeffer abschmecken. Schnittlauch waschen, in Röllchen schneiden und über den Salat streuen. Dazu Bauernbrot mit Griebenschmalz und Röstzwiebeln reichen.

ZUBEREITUNGSZEIT ca. 15 Min.
PORTION ca. 140 kcal
E 19 g · F 6 g · KH 1 g

AUS DEM HARZ Der kleine, runde Sauermilchkäse ist besonders reich an Eiweiß, enthält aber nur 0,5 bis 1 Prozent Fett. Er wird mit und ohne Kümmel angeboten.

Lammkeule mit Kräuterkruste

ZUTATEN FÜR 6 PERSONEN

- 3 Zwiebeln ♥ 5 Knoblauchzehen
- 1,5 kg Möhren ♥ 1 Stange Porree
- 2 Lauchzwiebeln
- 1 Lammkeule (ca. 2,5 kg; mit Knochen)
- Salz ♥ Pfeffer ♥ 6–7 EL Olivenöl
- 1 großes Bund Thymian ♥ 5 Stiele Petersilie
- 3 TL klare Brühe (instant)
- 250 ml trockener Rotwein
- 75 g Parmesan (Stück) ♥ 1 Bio-Zitrone
- 2–3 EL Butter ♥ 1 EL Zucker
- 1 ½–2 EL Speisestärke
- Küchengarn

1 Zwiebeln und Knoblauch schälen. Möhren, Porree und Lauchzwiebeln schälen bzw. putzen und waschen.

2 Lammkeule abspülen, trocken tupfen und mit Salz und Pfeffer würzen. Mit Küchengarn in Form binden.

Fleisch auf der Fettpfanne mit 3 EL Öl einstreichen. Im vorgeheizten Backofen (E-Herd: 250 °C/Umluft: 225 °C/Gas: s. Hersteller) ca. 15 Minuten anbraten.

3 2 Möhren, Porree und Zwiebeln in Stücke schneiden. Kräuter waschen. Gemüsestücke, 2 Knoblauchzehen und 4 Stiele Thymian zum Fleisch geben. Alles 20–30 Minuten weiterbraten. Brühe in 750 ml heißem Wasser auflösen.

4 Wein und 500 ml Brühe zum Fleisch gießen. Backofentemperatur auf 175 °C herunterschalten (Umluft: 150 °C/Gas: s. Hersteller) und Fleisch ca. 1 ½ Stunden weiterbraten.

5 FÜR DIE KRUSTE Käse reiben. Zitrone waschen, die Schale abraspeln. Zitrone auspressen. Petersilie und 3 Knoblauchzehen hacken. Vom Rest Thymian Blättchen abzupfen, alles mit 3–4 EL Öl und Pfeffer verrühren. Keule herausnehmen, Garn entfernen. Kräutermasse auf das Fleisch streichen. Keule wieder auf die

Fettpfanne setzen, 250 ml Brühe angießen. Backofentemperatur auf 200 °C hochschalten (Umluft: 175 °C/Gas: s. Hersteller) und 15–20 Minuten weiterbraten, bis die Kruste bräunt.

6 Rest Möhren in Scheiben schneiden. Butter in einem Topf erhitzen. Möhren darin andünsten. Mit Zucker bestreuen, karamellisieren. Mit Salz und Pfeffer würzen. 150 ml Wasser angießen, aufkochen. Zugedeckt 8–10 Minuten dünsten. Lauchzwiebeln in Ringe schneiden

7 Möhren und Fleisch warm stellen. Bratenfond durchsieben und aufkochen. Stärke mit ca. 5 EL Wasser anrühren. In die Soße rühren und ca. 3 Minuten köcheln. Mit Salz und Pfeffer abschmecken. Möhren mit Lauchzwiebelringen bestreuen. Alles anrichten. Dazu schmecken Röstkartoffeln.

ZUBEREITUNGSZEIT ca. 3 ½ Std.
PORTION ca. 670 kcal
E 57 g · F 36 g · KH 19 g

Gefüllte Kalbsbrust in Biersoße

ZUTATEN FÜR 6 PERSONEN

- ♥ 250 g Weißbrot (vom Vortag)
- ♥ 175 ml Milch ♥ 1 Bund Petersilie
- ♥ 50 g weiche Butter
- ♥ 5 Eier ♥ Salz ♥ Pfeffer ♥ Muskat
- ♥ 1,5 kg Kalbsbrust (ohne Knochen; beim Fleischer vorbestellen) ♥ 2 EL Öl
- ♥ 1 Zwiebel ♥ 2 Möhren
- ♥ 1 Flasche (0,33 l) helles Bier
- ♥ 2 TL Gemüsebrühe (instant)
- ♥ 2 TL dunkler Soßenbinder
- ♥ Holzspießchen ♥ Küchengarn
- ♥ Alufolie

1 FÜR DIE FÜLLUNG Brot entrinden und grob würfeln. Im Universalzerkleinerer portionsweise mahlen. ⅔ der Brösel in Milch einweichen. Petersilie waschen, Blättchen hacken. Butter cremig rühren. Eier einzeln unterrühren. Petersilie und gesamte Brösel unterrühren. Mit Salz, Pfeffer und Muskat würzen.

2 Fleisch trocken tupfen. Seitlich eine Tasche einschneiden und die Bröselmasse einfüllen. Öffnung mit Holzspießchen zustecken und mit Küchengarn verschließen. Braten rundherum mit Salz und Pfeffer würzen. Öl in einem Bräter erhitzen. Fleisch darin rundherum kräftig anbraten.

3 Zwiebel schälen. Möhren schälen und waschen. Alles grob würfeln, kurz mitbraten. Bier und 400 ml Wasser zum Braten gießen. Brühe einrühren. Zugedeckt im vorgeheizten Backofen (E-Herd: 175 °C/Umluft: 150 °C/Gas: s. Hersteller) ca. 2 Stunden schmoren. Öfter mit dem Schmorfond begießen.

4 Fleisch herausheben und in Alufolie wickeln. Bratenfond durchsieben, eventuell mit Wasser auf ca. 500 ml Flüssigkeit auffüllen. Aufkochen und mit Soßenbinder andicken. Mit Salz und Pfeffer abschmecken. Fleisch in Scheiben schneiden. Mit Soße anrichten. Dazu schmeckt Feldsalat.

ZUBEREITUNGSZEIT ca. 2 ¾ Std.
PORTION ca. 670 kcal
E 58 g · F 33 g · KH 26 g

Wildkräuter-Schaumsuppe

ZUTATEN FÜR 4 PERSONEN

- 1 Ei
- 3 Lauchzwiebeln
- 50–60 g Butter
- 50 g Mehl
- 4 TL Gemüsebrühe (instant)
- 200 g Schlagsahne
- 1 Bund Bärlauch (ca. 50 g)
- 75 g Sauerampfer
- ca. 50 g Löwenzahn
- Salz ♥ Pfeffer
- einige essbare Blüten (z. B. Nelken)

1 Ei ca. 10 Minuten hart kochen. Abschrecken, schälen und auskühlen lassen. Lauchzwiebeln putzen, waschen und in dünne Ringe schneiden.

2 Butter im Topf erhitzen. Lauchzwiebeln darin andünsten. Mehl zufügen und hell anschwitzen. 800 ml Wasser und Sahne unter Rühren angießen. Brühe einrühren, aufkochen und alles ca. 5 Minuten köcheln.

3 Bärlauch, Sauerampfer und Löwenzahn verlesen bzw. putzen und waschen. Kräuter in Streifen schneiden und in die Suppe geben. Ca. 2 Minuten mitköcheln. Suppe mit einem Schneidstab fein pürieren. Mit Salz und Pfeffer abschmecken.

4 Ei hacken. Suppe in vier Schalen verteilen. Mit gehacktem Ei und Pfeffer bestreuen. Mit essbaren Blütenblättchen garnieren. Dazu passt Baguette.

ZUBEREITUNGSZEIT ca. 25 Min.
PORTION ca. 350 kcal
E 6 g · F 28 g · KH 16 g

Erfrischende Dickmilchkaltschale

ZUTATEN FÜR 4 PERSONEN

- 1 Ei
- 2 kleine Paprikaschoten (z. B. gelb und rot)
- 1 kleine Salatgurke
- 1 Bund Dill
- 1 kg fettarme Dickmilch
- 3–4 EL Milch
- 1 EL Olivenöl
- 1 TL Zitronensaft
- 1 Knoblauchzehe
- Salz ♥ Pfeffer ♥ Zucker

1 Ei hart kochen. Abschrecken, schälen und auskühlen lassen. Paprika und Gurke waschen und putzen. Gurke eventuell längs halbieren und entkernen. Paprika und Gurke in kleine Würfel schneiden. Dill waschen und fein schneiden.

2 Dickmilch, Milch, Öl und Zitronensaft verrühren. Knoblauch schälen und dazupressen. Gemüse und Dill, bis auf jeweils etwas zum Bestreuen, unterrühren. Kaltschale mit Salz, Pfeffer und 1 Prise Zucker würzen.

3 Dickmilchkaltschale in vier Tassen oder tiefe Teller füllen. Ei vierteln. Kaltschale mit übrigem Gemüse und Dill bestreuen. Mit Eivierteln garnieren. Dazu schmeckt Schwarzbrot oder Vollkornbrötchen.

ZUBEREITUNGSZEIT ca. 20 Min.
PORTION ca. 190 kcal
E 13 g · F 8 g · KH 16 g

GANZ NACH GESCHMACK

Die Kaltschale können Sie nach Herzenslust variieren. Wie wäre es mal mit einem Sprossentopping? Raffiniert statt Ei: Krabbenfleisch oder Räucherlachsstreifen.

Rhöner Lammhaxen

ZUTATEN FÜR 4 PERSONEN

- ♥ 3 Zwiebeln ♥ 3 Möhren
- ♥ ½ Sellerieknolle
- ♥ 2 Äpfel ♥ 4 Zweige Rosmarin
- ♥ 4 Lammhaxen (à ca. 400 g)
- ♥ Salz ♥ Pfeffer
- ♥ 4–5 EL Öl
- ♥ 400 ml Apfelsaft
- ♥ 200 ml trockener Rotwein
- ♥ 1 kg Spitzkohl
- ♥ 100–150 g Schlagsahne

1 FÜR DIE HAXEN Zwiebeln schälen. Möhren und Sellerie schälen und waschen. Äpfel waschen, schälen, vierteln und entkernen. Alles grob würfeln. Rosmarin waschen und die Nadeln abzupfen.

2 Haxen abspülen und trocken tupfen. Mit Salz und Pfeffer würzen. 2–3 EL Öl in einem Bräter erhitzen. Haxen darin rundherum kräftig anbraten. Herausnehmen. Zwiebeln, Möhren, Sellerie, Äpfel und Rosmarin im heißen Bratfett unter Wenden kräftig anbraten.

3 Haxen auf das Gemüse setzen. Apfelsaft und Wein angießen und alles aufkochen. Zugedeckt im vorgeheizten Backofen (E-Herd: 175 °C/Umluft: 150 °C/Gas: s. Hersteller) zunächst ca. 1 Stunde schmoren. Dann Haxen offen ca. 1 Stunde weiterbraten.

4 FÜR DAS GEMÜSE Spitzkohl putzen, waschen, vierteln und in Streifen vom Strunk schneiden. 2 EL Öl in einem weiten Topf erhitzen. Kohl darin anbraten. Mit Salz und Pfeffer würzen. Sahne angießen, aufkochen und zugedeckt ca. 10 Minuten schmoren.

5 Haxen herausnehmen und warm stellen. 3–4 EL Schmorgemüse aus dem Fond heben und ebenfalls warm stellen. Fond durch ein Sieb in einen Topf gießen. Gemüse durch das Sieb in den Fond streichen. Soße erhitzen und abschmecken. Lammhaxen, Soße, restliches Schmorgemüse und Spitzkohl anrichten. Mit Rosmarin garnieren. Dazu passen Stampfkartoffeln.

ZUBEREITUNGSZEIT ca. 2¾ Std.
PORTION ca. 710 kcal
E 54 g · F 37 g · KH 27 g

Wildkräuter-Omelett

ZUTATEN FÜR 4 PERSONEN

- ♥ 100 g gemischte Wildkräuter
  (z. B. Brennnessel, Vogelmiere,
  Knoblauchrauke und Giersch)
- ♥ 120 g Bergkäse (Stück)
- ♥ 10 Eier
- ♥ 100 ml Mineralwasser mit Kohlensäure
- ♥ Salz ♥ Pfeffer
- ♥ 4 TL Öl
- ♥ 4 Radieschen

1 Kräuter waschen, Blättchen abzupfen und fein schneiden. Käse fein reiben.

2 Eier und Mineralwasser verquirlen, mit Salz und Pfeffer würzen. Gehackte Kräuter unterrühren.

3 1 TL Öl in einer kleinen beschichteten Pfanne (ca. 16 cm Ø) erhitzen. ¼ Eiermischung hineingießen und bei schwacher Hitze ca. 4 Minuten stocken lassen. Mit ¼ Käse bestreuen und das Omelett zur Hälfte überschlagen. Ca. 1 Minute weiterstocken lassen, bis der Käse geschmolzen ist. Omelett aus der Pfanne nehmen und warm stellen.

4 Aus den übrigen Zutaten auf die gleiche Weise 3 weitere Omeletts backen. Radieschen waschen, putzen und in kleine Würfel schneiden. Omeletts mit Radieschen anrichten.

ZUBEREITUNGSZEIT ca. 50 Min.
PORTION ca. 380 kcal
E 28 g · F 28 g · KH 2 g

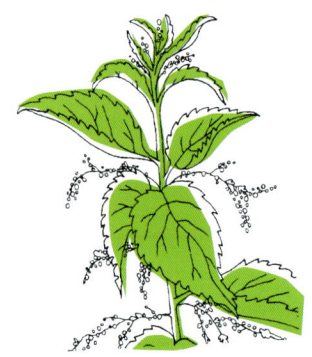

82

Berliner Bollenfleisch*

ZUTATEN FÜR 4–6 PERSONEN

- ♥ 1 ½ TL ganzer Kümmel
- ♥ 1 kg Zwiebeln
- ♥ 1 kg Lammfleisch (z. B. aus der Schulter oder Keule)
- ♥ 5 EL Öl ♥ Salz ♥ Pfeffer
- ♥ 2–3 TL klare Brühe (instant)
- ♥ 1 kg Kartoffeln
- ♥ 150 g Feldsalat
- ♥ 3 Tomaten
- ♥ 3 EL Weißweinessig ♥ Zucker
- ♥ 1 Bund krause Petersilie

1 FÜR DAS BOLLENFLEISCH Kümmel in einem Mörser grob zerstoßen. Zwiebeln schälen und in Ringe schneiden. Fleisch trocken tupfen und in große Würfel (ca. 5 x 5 cm) schneiden. 2 EL Öl in einem Schmortopf erhitzen. Fleisch darin in 2–3 Portionen bei starker Hitze rundherum 5–7 Minuten braun anbraten. Mit Salz und Pfeffer würzen. Zwiebeln und Kümmel zum Schluss zufügen und kurz mitbraten.

2 Gesamtes Fleisch wieder in den Topf geben und gut 1 l Wasser angießen, bis alles knapp bedeckt ist. Aufkochen und Brühe einrühren. Zugedeckt 1 ½–1 ¾ Stunden schmoren.

3 Inzwischen Kartoffeln schälen, waschen, vierteln und zugedeckt in Salzwasser ca. 20 Minuten kochen.

4 FÜR DEN SALAT Feldsalat putzen, waschen und abtropfen lassen. Tomaten waschen, putzen und vierteln. Essig, Salz, Pfeffer und 1 Prise Zucker verrühren, 3 EL Öl unterschlagen. Mit Feldsalat und Tomaten mischen.

5 Petersilie waschen, Blättchen abzupfen und grob hacken. Kartoffeln abgießen und mit Petersilie schwenken. Bollenfleisch mit Salz, Pfeffer und 1 Prise Zucker abschmecken. Mit Petersilienkartoffeln und Salat anrichten.

ZUBEREITUNGSZEIT ca. 2 ¼ Std.
PORTION ca. 630 kcal
E 36 g · F 39 g · KH 29 g

*Zwiebeln werden in Berlin Bollen genannt

Rinderrouladen mit Seidenklößen

ZUTATEN FÜR 6 PERSONEN

- ♥ 7 Zwiebeln ♥ 4 Gewürzgurken (Glas)
- ♥ 175 g geräucherter durchwachsener Speck
- ♥ 12 Rinderrouladen (à ca. 175 g)
- ♥ 12 TL Senf ♥ Salz ♥ Pfeffer ♥ 1 große Möhre
- ♥ 6 EL Butterschmalz ♥ 2 EL Tomatenmark
- ♥ 500 ml Rotwein ♥ 3 Lorbeerblätter
- ♥ 750 g festkochende Kartoffeln
- ♥ 100 g Kartoffelmehl ♥ 1 Ei
- ♥ ca. 4 EL Speisestärke ♥ 12 Rouladennadeln

1 FÜR DIE ROULADEN 4 Zwiebeln schälen und in feine Spalten schneiden. Gurken in grobe Stifte und Speck in Streifen schneiden. Rouladen trocken tupfen, nebeneinanderlegen und flacher klopfen. Mit je 1 TL Senf bestreichen. Mit Salz und Pfeffer würzen. Zwiebelspalten, Gurken und Speck darauf verteilen, aufrollen und feststecken. 3 Zwiebeln schälen, Möhre schälen und waschen, beides grob würfeln.

2 Butterschmalz portionsweise in einem Bräter erhitzen. Rouladen darin portionsweise kräftig anbraten, herausnehmen. Zwiebel- und Möhrenwürfel im heißen Bratfett anrösten. Tomatenmark kurz anschwitzen. Mit Wein und 1,25 l Wasser ablöschen und aufkochen. Mit Salz, Pfeffer und Lorbeer würzen. Rouladen in den Bräter geben und zugedeckt ca. 1 ½ Stunden schmoren.

3 FÜR DIE KLÖSSE Kartoffeln waschen und ca. 20 Minuten kochen. Kartoffeln abgießen, abschrecken und pellen. Noch heiß durch eine Kartoffelpresse drücken. 1 ½ TL Salz, Kartoffelmehl und Ei zufügen und gut verkneten (klebt etwas). Aus der Kartoffelmasse 12 Klöße formen. Reichlich Salzwasser in einem weiten Topf aufkochen. Klöße darin bei schwacher Hitze 18–20 Minuten gar ziehen lassen.

4 Rouladen aus dem Bräter heben. Rouladennadeln entfernen. Fond durch ein Sieb in einen Topf gießen. Stärke mit 5 EL Wasser anrühren. Fond aufkochen und mit der Stärke binden. Soße mit Salz und Pfeffer abschmecken. Rouladen in der Soße erhitzen. Klöße aus dem Wasser heben und abtropfen lassen. Rouladen und Klöße anrichten. Dazu schmecken grüne Bohnen.

ZUBEREITUNGSZEIT ca. 2 ½ Std.
PORTION ca. 750 kcal · E 64 g · F 29 g · KH 40 g

Kalbsleber
Berliner Art

ZUTATEN FÜR 4 PERSONEN

- ♥ 4 Scheiben (à ca. 150 g) Kalbsleber
- ♥ 2 große Zwiebeln
- ♥ 2 Äpfel
- ♥ 2 EL Öl
- ♥ 4 Scheiben Frühstücksspeck (Bacon)
- ♥ 6 EL Mehl
- ♥ Salz ♥ Pfeffer

1 Leber abspülen und trocken tupfen. Zwiebeln schälen und in dünne Ringe schneiden. Äpfel waschen, schälen und die Kerngehäuse ausstechen. Äpfel in Ringe schneiden.

2 1 EL Öl in einer Pfanne erhitzen. Speck darin knusprig braten. Auf Küchenpapier abtropfen lassen.

3 Apfelringe portionsweise im heißen Speckfett von jeder Seite ca. 2 Minuten braten. Herausnehmen, warm stellen.

4 FÜR DIE RÖSTZWIEBELN Zwiebelringe mit 2 EL Mehl bestäuben und das überschüssige Mehl abklopfen. Zwiebelringe im heißen Speckfett knusprig braten. Warm stellen.

5 1 EL Öl in einer zweiten Pfanne erhitzen. Leber in 4 EL Mehl wenden, von jeder Seite 2–3 Minuten braten. Mit Salz und Pfeffer würzen. Mit Äpfeln, Zwiebeln und Speck anrichten. Dazu schmeckt Kartoffelpüree.

ZUBEREITUNGSZEIT ca. 35 Min.
PORTION ca. 390 kcal
E 33 g · F 16 g · KH 26 g

Sauerbraten mit Aachener-Printen-Soße

ZUTATEN FÜR 6–8 PERSONEN

- ♥ 2 Zwiebeln
- ♥ 2 Möhren
- ♥ 250 g Knollensellerie
- ♥ 250 ml Rotweinessig
- ♥ 2 Lorbeerblätter
- ♥ 3–4 Gewürznelken
- ♥ 5 Wacholderbeeren
- ♥ 1 TL schwarze Pfefferkörner
- ♥ 4 Pimentkörner
- ♥ 2 kg Rinderschmorbraten
  (z. B. aus der Keule; ohne Knochen)
- ♥ 3–4 EL Öl ♥ Salz ♥ Pfeffer
- ♥ 400 ml trockener Rotwein
- ♥ 50 g Rosinen
- ♥ 150 g Aachener Kräuterprinten
- ♥ 1 großer Gefrierbeutel

1 AM VORTAG FÜR DIE MARINADE
Zwiebeln schälen. Möhren und Sellerie schälen und waschen. Alles in Würfel schneiden. Mit Essig, 250 ml Wasser und allen Gewürzen mischen.

2 Fleisch trocken tupfen. Mit der Marinade in den Gefrierbeutel füllen und verschließen. Über Nacht ziehen lassen.

3 AM NÄCHSTEN TAG Braten herausnehmen und trocken tupfen. Marinade durchsieben, Flüssigkeit dabei auffangen. Öl in einem Bräter erhitzen. Fleisch darin rundherum anbraten. Mit Salz und Pfeffer würzen und herausnehmen. Gemüse im heißen Bratfett anbraten. Fleisch wieder zufügen. 200 ml Marinade, Wein und 400 ml Wasser angießen und alles aufkochen.

4 Zugedeckt im vorgeheizten Backofen (E-Herd: 175 °C/Umluft: 150 °C/Gas: s. Hersteller) ca. 2 ½ Stunden schmoren.

5 Rosinen heiß abspülen. Printen mit den Fingern zerbröseln. Braten herausnehmen und warm stellen. Fond durchsieben und in einen Topf gießen. Mit Printenbröseln und Rosinen aufkochen und ca. 10 Minuten köcheln. Soße mit Salz und Pfeffer abschmecken. Dazu schmecken Rotkohl, Kartoffelklöße und Apfelkompott.

ZUBEREITUNGSZEIT ca. 3 ½ Std. + Wartezeit ca. 12 Std.
PORTION ca. 550 kcal
E 57 g · F 18 g · KH 28 g

Wiesensalat mit gebratenen Pilzen in Tomatenvinaigrette

ZUTATEN FÜR 4 PERSONEN

- 200 g Champignons
- 3 EL Öl ♥ Salz ♥ Pfeffer
- 200 g gemischte Wildkräuter (z. B. Knoblauchrauke, Löwenzahn, Sauerampfer, Schafgarbe, Vogelmiere, Gänseblümchen)
- 100 g Minirömersalat
- 1 Zwiebel ♥ 2 Tomaten
- 4 EL Weißweinessig
- ½ TL flüssiger Honig
- 4 EL Olivenöl

1 FÜR DIE PILZE Champignons putzen, waschen und je nach Größe halbieren oder vierteln. Öl in einer Pfanne erhitzen. Champignons darin goldbraun anbraten. Mit Salz und Pfeffer würzen.

2 Kräuter waschen, verlesen und eventuell klein schneiden. Salat putzen, waschen, trocken schleudern und in mundgerechte Stücke schneiden.

3 FÜR DIE VINAIGRETTE Zwiebel schälen und fein würfeln. Tomaten waschen, vierteln, entkernen und in kleine Würfel schneiden. Essig mit Salz, Pfeffer und Honig verrühren. Olivenöl unterschlagen. Zwiebel und Tomatenwürfel unterrühren.

4 Kräuter, Salat und Champignons mischen. Mit Vinaigrette beträufeln und in Schälchen anrichten.

ZUBEREITUNGSZEIT ca. 30 Min.
PORTION ca. 210 kcal
E 3 g · F 18 g · KH 8 g

Pochierte Eier in Sauerampfersoße

ZUTATEN FÜR 4 PERSONEN
- ♥ 1 Glas (30 g) Kapern
- ♥ 1 Zwiebel
- ♥ 75 g Sauerampfer ♥ Salz
- ♥ 6 EL Weißweinessig
- ♥ 8 sehr frische Eier
- ♥ 1 EL Pinienkerne
- ♥ 2 EL Butter
- ♥ 2 leicht gehäufte EL Mehl
- ♥ 200 g Schlagsahne
- ♥ 1 TL Gemüsebrühe (instant)
- ♥ Pfeffer ♥ Zucker

1 Kapern abtropfen lassen. Zwiebel schälen und fein würfeln. Sauerampfer waschen und grob zerschneiden.

2 FÜR DIE EIER 2 l Wasser, 3 TL Salz und Essig in einem weiten Topf aufkochen. Eier einzeln in eine Tasse aufschlagen und vorsichtig in das siedende Wasser gleiten lassen. Portionsweise ca. 4 Minuten ziehen lassen. Mit einer Schaumkelle herausheben, abtropfen lassen und warm stellen.

3 FÜR DIE SOSSE inzwischen Pinienkerne in einem Topf ohne Fett anrösten. Herausnehmen. Butter im Topf erhitzen. Zwiebel darin andünsten. Mehl darüberstäuben und hell anschwitzen. 300 ml Wasser, Sahne und Brühe einrühren. Unter Rühren aufkochen und ca. 5 Minuten köcheln.

4 Sauerampfer zufügen und die Soße mit einem Stabmixer fein pürieren. Kapern und Pinienkerne einrühren. Mit Salz, Pfeffer und 1 Prise Zucker abschmecken. Eier und Soße anrichten. Dazu schmeckt Kartoffelpüree.

ZUBEREITUNGSZEIT ca. 45 Min.
PORTION ca. 460 kcal
E 19 g · F 37 g · KH 10 g

Würziges Bierfleisch

ZUTATEN FÜR 4 PERSONEN

- ♥ 2 Zwiebeln
- ♥ 2 Knoblauchzehen
- ♥ 3–4 Möhren (ca. 300 g)
- ♥ 400 g Knollensellerie
- ♥ 1 Stange Porree
- ♥ 800 g Rindergulasch
- ♥ 3 EL Butterschmalz
- ♥ Salz ♥ Pfeffer
- ♥ 1 EL Mehl
- ♥ 1 EL Weißweinessig
- ♥ 2 Flaschen (à 0,33 l) dunkles Bier oder Malzbier
- ♥ 1 TL getrockneter Majoran ♥ Zucker
- ♥ evtl. 1 TL gemahlener Kümmel
- ♥ 500 g Kartoffeln

1 Zwiebeln und Knoblauch schälen, fein würfeln. Möhren und Sellerie schälen, waschen und in mundgerechte Stücke schneiden. Porree putzen, waschen und in Ringe schneiden.

2 Fleisch trocken tupfen und eventuell kleiner würfeln. 2 EL Butterschmalz in einem Bräter oder großen Topf erhitzen. Fleisch darin portionsweise kräftig anbraten. Mit Salz und Pfeffer würzen. Herausnehmen.

3 1 EL Butterschmalz im Bratfett erhitzen. Zwiebeln und Knoblauch darin andünsten. Mehl darüberstäuben und hell anschwitzen. Fleisch, Gemüse, Essig und Bier zufügen. Alles mit Salz, Pfeffer, Majoran, 1 Prise Zucker und nach Belieben 1 TL Kümmel, würzen und aufkochen. Zugedeckt im vorgeheizten Backofen (E-Herd: 175 °C/ Umluft: 150 °C/Gas: s. Hersteller) zunächst ca. 1 ¼ Stunden schmoren.

4 Kartoffeln schälen, waschen und in mundgerechte Stücke schneiden. Zum Gulasch geben und weitere ca. 45 Minuten schmoren. Bierfleisch mit Salz, Pfeffer und 1 Prise Zucker abschmecken.

ZUBEREITUNGSZEIT ca. 2 ¾ Std.
PORTION ca. 490 kcal
E 49 g · F 14 g · KH 29 g

Westfälischer Pfefferpotthast

ZUTATEN FÜR 4 PERSONEN

- ♥ 800 g Rindfleisch (z. B. aus der Schulter)
- ♥ 500 g Zwiebeln
- ♥ 1–2 EL Schweineschmalz
- ♥ 1 TL Tomatenmark
- ♥ 4 TL Rinderbrühe (instant)
- ♥ 150 ml trockener Rotwein
- ♥ Salz ♥ Pfeffer
- ♥ 2 Lorbeerblätter
- ♥ 3 Gewürznelken
- ♥ 350 g Nudeln (z. B. Spirelli)
- ♥ 2–3 TL Kapern
- ♥ einige Spritzer Zitronensaft

1 Fleisch trocken tupfen und in Würfel schneiden. Zwiebeln schälen, halbieren und in dünne Streifen schneiden.

2 Schweineschmalz in einem Bräter erhitzen. Fleisch darin portionsweise kräftig anbraten. Zwiebeln zufügen und kurz mitbraten. Tomatenmark einrühren und kurz anschwitzen. Gesamtes Fleisch wieder zufügen. Mit Wein und 850 ml Wasser ablöschen und aufkochen. Brühe einrühren. Mit Salz, Pfeffer, Lorbeer und Nelken würzen. Zugedeckt bei mittlerer Hitze ca. 1 ½ Stunden schmoren.

3 Nudeln in kochendem Salzwasser nach Packungsanweisung bissfest garen. Kapern zum Fleisch geben. Pfefferpotthast mit Salz, Pfeffer und Zitronensaft abschmecken. Nudeln abgießen und dazu reichen.

ZUBEREITUNGSZEIT ca. 2 Std.
PORTION ca. 640 kcal
E 58 g · F 11 g · KH 70 g

Rinderlende mit Meerrettichsoße

ZUTATEN FÜR 4 PERSONEN

- ♥ 300 g Zwiebeln
- ♥ 1–1,2 kg falsches Rinderfilet (Schulterfilet)
- ♥ Salz ♥ Pfeffer
- ♥ 2–3 EL Öl
- ♥ 2 TL Fleischbrühe (instant)
- ♥ 2 Äpfel
- ♥ 1 Stück (80–100 g) frischer Meerrettich
- ♥ 2 EL Butter ♥ 1 EL Mehl
- ♥ 200 ml Milch
- ♥ 100 g Schlagsahne
- ♥ 1–2 EL Zitronensaft
- ♥ ½ Bund Schnittlauch zum Garnieren
- ♥ 1 EL Wildpreiselbeeren (Glas)

1 Zwiebeln schälen und in Ringe schneiden. Fleisch trocken tupfen. Mit Salz und Pfeffer einreiben. Öl in einem Bräter erhitzen. Fleisch darin rundherum kräftig anbraten. Zwiebelringe kurz mitbraten. 375–500 ml Wasser zugießen und aufkochen. Brühe einrühren. Zugedeckt 1 ½–2 Stunden schmoren.

2 FÜR DIE SOSSE Äpfel waschen, schälen, vierteln, entkernen und klein schneiden. Meerrettich schälen, waschen und fein reiben. Butter in einem Topf erhitzen. Äpfel darin 4–5 Minuten dünsten. Mehl und etwas Milch verrühren. Sahne und übrige Milch zu den Äpfeln gießen und aufkochen. Angerührtes Mehl zufügen und unter Rühren ca. 3 Minuten köcheln. Meerrettich in die Soße rühren.

3 Braten aus dem Bräter nehmen, zugedeckt ruhen lassen. Bratenfond durch ein Sieb streichen. Ca. 250 ml Fond in die Meerrettichsoße rühren und aufkochen. Soße mit Salz, Pfeffer und Zitronensaft abschmecken.

4 Schnittlauch waschen und in feine Röllchen schneiden. Braten in dünne Scheiben schneiden und mit der Soße anrichten. Mit Preiselbeeren und Schnittlauch bestreuen. Dazu passen Salzkartoffeln und ein gemischter Salat.

ZUBEREITUNGSZEIT ca. 2 ½ Std.
PORTION ca. 510 kcal
E 54 g · F 25 g · KH 13 g

Ragout fin

ZUTATEN FÜR 4–6 PERSONEN

- ♥ 1 Zwiebel
- ♥ 500 g Kalbfleisch (aus der Keule)
- ♥ 1 Lorbeerblatt
- ♥ 2–3 Gewürznelken
- ♥ ½ TL weiße Pfefferkörner ♥ Salz
- ♥ 50 g + 1 EL Butter
- ♥ 50 g Mehl
- ♥ 200 g Schlagsahne
- ♥ 4–6 EL trockener Weißwein
- ♥ je einige Spritzer Zitronensaft und Worcestersoße
- ♥ Pfeffer ♥ Zucker
- ♥ 2 Schalotten oder 1 kleine Zwiebel
- ♥ 200 g kleine Champignons
- ♥ 1 Packung (6 Stück; 150 g) Blätterteigpasteten

1 In einem Topf ca. 1 l Wasser aufkochen. Zwiebel schälen. Fleisch trocken tupfen. Beides mit Lorbeer, Nelken, Pfefferkörnern und 1 TL Salz ins Wasser geben. Zugedeckt bei schwacher Hitze 1–1 ¼ Stunden köcheln.

2 Fleisch herausnehmen und abkühlen lassen. Fleischbrühe durch ein Sieb gießen und 750 ml abmessen. 50 g Butter in einem großen Topf erhitzen. Mehl darin unter Rühren hell anschwitzen. Brühe und Sahne unter Rühren zugießen. Unter Rühren aufkochen und ca. 5 Minuten köcheln. Mit Wein, Zitronensaft, Worcestersoße, Salz, Pfeffer und 1 Prise Zucker würzen.

3 Schalotten schälen und fein würfeln. Champignons putzen, waschen und in Scheiben schneiden. 1 EL Butter in einer Pfanne erhitzen. Pilze darin ca. 3 Minuten anbraten. Schalotten kurz mitbraten. Mit Salz und Pfeffer würzen.

4 Fleisch in kleine Würfel schneiden, mit den Pilzen unter die Soße heben und bei schwacher Hitze 2–3 Minuten erhitzen. Ragout mit Salz, Pfeffer und Worcestersoße abschmecken.

5 Die Pastetendeckel mit einem spitzen Messer herauslösen. Pasteten und Deckel im vorgeheizten Backofen (E-Herd: 200 °C/Umluft: 175 °C/Gas: s. Hersteller) ca. 3 Minuten aufbacken. Ragout fin in die heißen Pasteten füllen und die Deckel auflegen.

ZUBEREITUNGSZEIT ca. 1 ¾ Std.
PORTION ca. 460 kcal
E 22 g · F 30 g · KH 21 g

Filetsteaks mit Steinpilzen in Zitronenbutter

ZUTATEN FÜR 4 PERSONEN

FÜR DIE STEAKS
- ♥ 4 Rinderfiletsteaks (à ca. 140 g)
- ♥ 2 EL Öl ♥ Salz ♥ Pfeffer
- ♥ Backpapier

FÜR DIE PILZE
- ♥ 1 Bio-Zitrone
- ♥ 80 g geräucherter durchwachsener Speck
- ♥ 300 g Steinpilze
- ♥ 6–8 Stiele Thymian
- ♥ 2 EL Öl ♥ 2 EL Butter
- ♥ Salz ♥ Pfeffer

1 FÜR DIE STEAKS Fleisch trocken tupfen. 2 EL Öl in einer Pfanne erhitzen. Fleisch darin von jeder Seite ca. 2 Minuten kräftig anbraten. Mit Salz und Pfeffer würzen. Aus der Pfanne nehmen (Bratfett in der Pfanne aufbewahren) und auf ein mit Backpapier belegtes Backblech setzen. Im vorgeheizten Backofen (E-Herd: 100 °C/Umluft: 75 °C/Gas: s. Hersteller) ca. 15 Minuten medium braten.

2 FÜR DIE PILZE inzwischen Zitrone heiß waschen und die Schale fein abreiben. Speck fein würfeln. Pilze putzen, säubern, eventuell kurz waschen. Pilze in dünne Scheiben schneiden. Thymian waschen und Blättchen abzupfen.

3 Speck im Bratfett der Steaks knusprig braten und herausnehmen. 2 EL Öl und Butter in der Pfanne erhitzen. Pilze darin kräftig anbraten. Zitronenschale und Thymian zufügen, kurz mitbraten. Mit Salz und Pfeffer würzen. Speck wieder zufügen. Steaks und Pilze anrichten. Dazu passen Salzkartoffeln.

ZUBEREITUNGSZEIT ca. 50 Min.
PORTION ca. 410 kcal
E 35 g · F 28 g · KH 1 g

STEINPILZE BRATEN
Damit die Pilze beim Braten nicht wässern, nicht zu viele davon auf einmal in die heiße Pfanne geben. Besser portionsweise braten.

93

Apfel-Birnen-Grütze mit Vanillecreme

ZUTATEN FÜR 4 PERSONEN

- ♥ 2 kleine Birnen
- ♥ 2 große säuerliche Äpfel (z. B. Boskop)
- ♥ 250 ml Apfelsaft
- ♥ 2–4 EL Zucker
- ♥ ½ Päckchen Vanillepuddingpulver
- ♥ 1 Vanilleschote
- ♥ 250 g Speisequark (20 % Fett)
- ♥ 150 g Schlagsahne

1 FÜR DIE GRÜTZE Birnen und Äpfel waschen, schälen, vierteln, entkernen und in kleine Würfel schneiden. Fruchtwürfel mit Apfelsaft und 1–2 EL Zucker aufkochen. Alles zugedeckt 5–7 Minuten köcheln.

2 Puddingpulver und 3 EL Wasser glatt rühren. Angerührtes Pulver in das Obst rühren und ca. 1 Minute köcheln. Die Grütze auskühlen lassen.

3 FÜR DIE CREME Vanilleschote längs aufschneiden und das Mark mit einem spitzen Messer herauskratzen. Quark, Vanillemark und 1–2 EL Zucker glatt verrühren. Schote für die Verzierung längs in feine Streifen schneiden. Sahne steif schlagen und unter den Quark heben. Vanillecreme und Apfel-Birnen-Grütze in vier Gläser schichten.

ZUBEREITUNGSZEIT ca. 25 Min. + Wartezeit ca. 1 Std.
PORTION ca. 330 kcal
E 9 g · F 16 g · KH 36 g

Pflaumenquark
mit Krokant

ZUTATEN FÜR 4 PERSONEN

- ♥ 300 g Pflaumen
- ♥ 4–6 gestrichene EL + 50 g Zucker
- ♥ 2–3 EL Nussmüsli
- ♥ 1 leicht gehäufter TL Speisestärke
- ♥ 125 ml roter Fruchtsaft oder Apfelsaft
- ♥ 250 g Sahnequark
- ♥ 150 g Joghurt
- ♥ abgeriebene Schale und Saft
  von ½ Bio-Zitrone
- ♥ 1 Päckchen Vanillezucker
- ♥ Backpapier

1 Pflaumen waschen, entsteinen und in Spalten schneiden. Mit 2–3 EL Zucker bestreuen. Zugedeckt ca. 30 Minuten ziehen lassen.

2 50 g Zucker in einer Pfanne goldbraun karamellisieren. Müsli zufügen und mit einem Holzlöffel unterrühren. Masse auf Backpapier streichen und erstarren lassen.

3 Stärke mit 2 EL Fruchtsaft glatt rühren. Restlichen Saft aufkochen. Stärke einrühren und ca. 1 Minute köcheln. Gezuckerte Pflaumen samt Saft unterheben und auskühlen lassen.

4 Quark mit Joghurt, Zitronensaft und -schale, 2–3 EL Zucker und Vanillezucker verrühren. Mit den Pflaumen anrichten. Krokant in Stücke brechen und daraufstreuen.

ZUBEREITUNGSZEIT ca. 30 Min.
Wartezeit ca. 1 Std.
PORTION ca. 330 kcal
E 9 g · F 12 g · KH 45 g

Aus Flüssen und Seen

Der Bodensee gehört zu den beliebtesten Urlaubszielen in Deutschland. Gut ausgebaute Rad- und Wanderwege führen entlang der knapp 300 Kilometer langen Uferlinie und sind gesäumt von malerischen Ortschaften, spektakulären Ausblicken und kleinen Gasthöfen, die noch täglich von rund 100 Berufsfischern mit feinster Ware versorgt werden: Felchen (je nach Region auch Renken, Maränen oder Schnäpel genannt), Karpfen und Forellen finden sich auf den Speisekarten und kommen in Weinsud gedünstet oder gebraten nach Müllerin-Art auf den Tisch.

Alldieweil heißt es auch im Norden „Petri heil!". Glitzernde Seen inmitten von schattigen dichten Wäldern und weiten Moorlandschaften machen den Reiz des Müritz-Nationalparks aus – ein Dorado für Hobbyfischer, die hier in kleinen Booten die besten Plätze für Aal oder Zander anlaufen. Am schönsten geht so ein Tag zu Ende, wenn der frische Fang direkt in der Pfanne landet.

Marinierte Felchenfilets auf Vogerlsalat
Rezept auf Seite 98

REZEPT zu Seite 97

Marinierte Felchenfilets auf Vogerlsalat

ZUTATEN FÜR 4 PERSONEN

- 30 g Pinienkerne
- 8 Scheiben Frühstücksspeck (Bacon)
- 800 g Kartoffeln ♥ Salz ♥ 250 g Feldsalat
- 8 EL milder Weinessig ♥ 1 TL Senf ♥ Pfeffer
- 6 EL Olivenöl
- 500 g Felchenfilets
  (ersatzweise Forellenfilets)
- 1 Bund gemischte Kräuter (z. B. Estragon, Basilikum, Petersilie, Schnittlauch und Dill)
- 2 EL Walnussöl

1 Pinienkerne in einer Pfanne ohne Fett rösten. Herausnehmen. Speck in 2 Portionen in der Pfanne ohne zusätzliches Fett knusprig braten. Speck herausnehmen und auf Küchenpapier abtropfen lassen.

2 Kartoffeln schälen, waschen und in Salzwasser ca. 20 Minuten kochen.

3 FÜR DEN SALAT Feldsalat putzen, waschen und abtropfen lassen.
4 EL Essig, Senf, Salz und Pfeffer verrühren. 2 EL Olivenöl unterschlagen.

4 FÜR DEN FISCH Felchenfilets abspülen und trocken tupfen. Kräuter waschen, Blättchen hacken bzw. Schnittlauch in feine Röllchen schneiden.

5 4 EL Essig, Salz, Pfeffer und 100 ml Wasser verrühren. 4 EL Olivenöl und Walnussöl unterschlagen. Alles in einer großen Pfanne erhitzen (nicht kochen!). Fisch darin zugedeckt 3–5 Minuten gar ziehen lassen. Pinienkerne und Kräuter darüberstreuen.

6 Speck grob zerbröckeln. Salat und Vinaigrette mischen. Kartoffeln abgießen. Mit Salat und Fisch samt Marinade anrichten. Mit Speck und Pfeffer bestreuen.

ZUBEREITUNGSZEIT ca. 50 Min.
PORTION ca. 480 kcal
E 31 g · F 27 g · KH 25 g

Karpfen in Biersoße nach Thüringer Art

ZUTATEN FÜR 4 PERSONEN

- 2 kg küchenfertiger Karpfen (vom Fischhändler längs halbieren lassen)
- 4 EL Zitronensaft ♥ Salz
- 1 großes Bund Suppengrün
- 1 Lorbeerblatt
- 6 Wacholderbeeren
- ½ TL Pimentkörner
- 1 TL Pfefferkörner
- 100 g Soßenpfefferkuchen (siehe Tipp)
- 1 Flasche (0,33 l) Schwarz- oder Malzbier
- Pfeffer ♥ Zucker
- 1–2 EL kalte Butter

1 Karpfen waschen, trocken tupfen und in ca. 5 cm breite Tranchen schneiden. Mit Zitronensaft beträufeln und salzen. Suppengrün putzen bzw. schälen und waschen. ⅔ in Stücke, übriges Gemüse in feine Streifen schneiden.

2 Gut 2 l Salzwasser, Suppengrün in Stücken, Lorbeer, Wacholder, Piment und Pfefferkörner in einem weiten Topf aufkochen. Zugedeckt ca. 10 Minuten köcheln. Pfefferkuchen zerbröseln, in Bier einweichen.

3 Karpfen im Fond bei schwacher Hitze ca. 15 Minuten gar ziehen lassen. Vorsichtig herausheben, zugedeckt warm stellen. 400 ml Fischfond abmessen und durchsieben.

4 FÜR DIE SOSSE Pfefferkuchen samt Bier fein pürieren. Mit 400 ml Fischfond auffüllen, aufkochen und offen ca. 15 Minuten köcheln.

5 Gemüsestreifen in wenig kochendem Salzwasser 3–5 Minuten dünsten. Soße mit Salz, Pfeffer und 1 Prise Zucker abschmecken, Butter unterschlagen. Karpfenstücke mit Soße und Gemüsestreifen anrichten. Dazu schmecken Salzkartoffeln.

ZUBEREITUNGSZEIT ca. 1 ¼ Std.
PORTION ca. 520 kcal
E 52 g · F 19 g · KH 29 g

SOSSENPFEFFERKUCHEN

Pfefferkuchen verleihen Soßen zu Karpfen und Sauerbraten, aber auch Suppen eine feine Bindung. Zu diesem Zweck gibt es spezielle Soßenpfefferkuchen, die besonders kräftig gewürzt sind.

Wispertalforelle in Rieslingrahm

ZUTATEN FÜR 4 PERSONEN

- 4 küchenfertige Forellen (à 300–350 g)
- Saft von 1 Zitrone
- Salz ♥ Pfeffer
- 1 Bund Suppengrün
- 2 Zwiebeln
- 500 ml Riesling
- 150 ml Weißweinessig
- je 1 Lorbeerblatt und Gewürznelken
- 5 Wacholderbeeren
- 1 TL weiße Pfefferkörner
- 2 TL Gemüsebrühe (instant) ♥ Zucker
- 1 Bund Dill
- 2 EL + 50 g kalte Butter
- 1 gestrichener EL Mehl
- 250 g Crème fraîche

1 Forellen abspülen und trocken tupfen. Mit Zitronensaft beträufeln, mit Salz und Pfeffer würzen. Gemüse putzen bzw. schälen, waschen und grob schneiden. Zwiebeln schälen, 1 Zwiebel vierteln und 1 fein würfeln.

2 Gemüse, Zwiebelviertel, Riesling, 500 ml Wasser, Essig, Gewürze, Brühe, etwas Salz und ca. 1 TL Zucker im großen Bräter aufkochen. Zugedeckt ca. 10 Minuten köcheln.

3 250 ml Sud für die Soße abnehmen. Forellen im restlichen Sud zugedeckt bei schwacher Hitze 10–12 Minuten gar ziehen lassen. Dill waschen und fein schneiden.

4 FÜR DIE SOSSE 2 EL Butter in einem Topf erhitzen. Zwiebelwürfel darin andünsten. Mehl darüberstäuben und hell anschwitzen. 250 ml Sud einrühren, aufkochen und kurz köcheln. Crème fraîche unterrühren und ca. 2 Minuten weiterköcheln. 50 g Butter in Stückchen unterschlagen. Dill einrühren. Soße mit Salz und Pfeffer abschmecken.

5 Forellen mit Rieslingrahm anrichten. Dazu schmecken Salzkartoffeln und grüner Salat.

ZUBEREITUNGSZEIT ca. 1 Std.
PORTION ca. 530 kcal
E 33 g · F 38 g · KH 5 g

Zander mit Leipziger Allerlei und Butterreis

ZUTATEN FÜR 4 PERSONEN

- ♥ 2 Kohlrabi
- ♥ 2–3 Möhren
- ♥ 500 g grüner Spargel
- ♥ 100 g Zuckerschoten
- ♥ 200 g Champignons (z. B. braune) ♥ Salz
- ♥ 200 g Langkornreis
- ♥ 3 EL Butter
- ♥ 4 EL Mehl
- ♥ 100 ml trockener Weißwein
- ♥ 150 g Schlagsahne
- ♥ Pfeffer ♥ Muskat
- ♥ 4 Zanderfilets (mit Haut; à ca. 150 g)
- ♥ 4 EL Öl
- ♥ ½ Töpfchen Kerbel

1 FÜR DAS GEMÜSE Kohlrabi und Möhren schälen und waschen. Spargel waschen und die holzigen Enden großzügig abschneiden. Zuckerschoten waschen und putzen. Champignons putzen und waschen. Gesamtes Gemüse in mundgerechte Stücke schneiden.

2 Möhren und Kohlrabi in ca. 1 l kochendem Salzwasser ca. 10 Minuten garen. Nach ca. 5 Minuten Spargel, Zuckerschoten und Champignons zufügen und mitgaren. Alles abgießen, dabei ca. 500 ml Gemüsewasser auffangen.

3 Reis in kochendem Salzwasser nach Packungsanweisung garen.

4 FÜR DAS GEMÜSE 2 EL Butter in einem Topf erhitzen. 2 EL Mehl darin hell anschwitzen. Wein, 500 ml Gemüsewasser und Sahne unter Rühren zugießen, aufkochen und ca. 3 Minuten köcheln. Gesamtes Gemüse unterheben und darin erhitzen. Mit Salz, Pfeffer und Muskat abschmecken.

5 FÜR DEN FISCH Filets abspülen, trocken tupfen und auf der Hautseite zweimal leicht einschneiden. Filets mit Salz und Pfeffer würzen und in 2 EL Mehl wenden. Öl in einer großen Pfanne erhitzen. Filets darin zunächst auf der Hautseite 5–6 Minuten braten, dann wenden und 1–2 Minuten zu Ende braten.

6 Kerbel waschen, Blättchen abzupfen und zum Gemüse geben. Reis und 1 EL Butter verrühren. Alles mit dem Fisch anrichten.

ZUBEREITUNGSZEIT ca. 50 Min.
PORTION ca. 680 kcal
E 39 g · F 30 g · KH 56 g

Saiblingsfilet mit Wildkräuter- kartoffelsalat

ZUTATEN FÜR 4 PERSONEN

- 800 g neue Kartoffeln
- 2 Lauchzwiebeln
- 4 Schalotten oder 1 große Zwiebel
- 10 EL Öl
- 6 EL Weißweinessig
- Salz ▾ Pfeffer ▾ Zucker
- 200 g gemischte Wildkräuter, (z. B. Blutampfer und Giersch)
- 100 g Babyblattspinat
- 4 Saiblingsfilets mit Haut (à ca. 200 g)
- Saft von ½ Zitrone
- 2 EL Mehl

1 FÜR DEN SALAT Kartoffeln gründlich waschen und in Wasser ca. 20 Minuten zugedeckt kochen.

2 FÜR DIE MARINADE Lauchzwiebeln waschen und in dünne Ringe schneiden. 3 Schalotten schälen und in Ringe schneiden. 5 EL Öl in einer Pfanne erhitzen. Lauchzwiebeln und Schalotten darin kurz andünsten. 5 EL Wasser und Essig angießen. Mit Salz, Pfeffer und 1 Prise Zucker verrühren.

3 Kartoffeln abgießen, schälen und in Scheiben schneiden. Vorsichtig mit der heißen Marinade mischen und auskühlen lassen.

4 FÜR DAS KRÄUTERÖL Kräuter und Spinat verlesen und waschen. Eventuell Blättchen von den Stielen zupfen und ca. ¼ Kräuter fein hacken. 1 Schalotte schälen und fein würfeln. Alles mit 3 EL Öl verrühren.

5 FÜR DEN FISCH Filets abspülen und trocken tupfen. Mit Salz, Pfeffer und Zitronensaft würzen. Die Hautseite mit Mehl bestäuben. 2 EL Öl in einer großen Pfanne erhitzen. Fischfilets darin auf der Hautseite ca. 4 Minuten bei mittlerer Hitze braten. Filets vorsichtig wenden und ca. 1 Minute fertig braten.

6 Übrige Kräuter und Spinat unter den Kartoffelsalat heben. Mit Salz und Pfeffer abschmecken. Mit Saiblings- filets und Kräuteröl anrichten.

ZUBEREITUNGSZEIT ca. 50 Min. + Wartezeit ca. 1 Std.
PORTION ca. 630 kcal
E 46 g · F 30 g · KH 37 g

Saftige Lachsforellen-Kartoffel-Küchlein

ZUTATEN FÜR 4 PERSONEN
- 600 g mehligkochende Kartoffeln
- Salz
- 6 EL trockener Weißwein
- 2 EL Zitronensaft
- 450 g Lachsforellenfilets (ohne Haut)
- je ½ Bund Petersilie und Schnittlauch
- Pfeffer
- Mehl für die Hände
- 2–3 EL Crème double
- 75 g kalte Butter
- 3 EL Öl

1 Kartoffeln schälen, waschen und in Stücke schneiden. In Salzwasser ca. 20 Minuten kochen.

2 FÜR DIE KÜCHLEIN Wein und Zitronensaft in einem Topf aufkochen. Fisch abspülen und darin zugedeckt bei mittlerer Hitze ca. 10 Minuten dünsten. Fisch herausheben, Sud auffangen. Kartoffeln abgießen und fein zerstampfen. Fischfilets zerzupfen.

3 Kräuter waschen. Petersilie hacken, Schnittlauch in Röllchen schneiden. Fisch, Kartoffeln, Petersilie und Hälfte Schnittlauch verkneten. Mit Salz und Pfeffer abschmecken. Abkühlen lassen. Aus der lauwarmen Masse mit bemehlten Händen 8 Küchlein formen. Zugedeckt ca. 1 Stunde kalt stellen.

4 FÜR DIE SOSSE Fischsud und 3 EL Wasser in einem kleinen Topf etwas einkochen lassen. Crème double einrühren. Butter in kleinen Stückchen nach und nach mit dem Schneebesen unterrühren, sodass eine geschmeidige, glänzende Soße entsteht. Rest Schnittlauch zufügen. Soße mit Salz und Pfeffer abschmecken.

5 FÜR DIE KÜCHLEIN Öl in einer großen Pfanne erhitzen. Küchlein darin bei mittlerer Hitze von jeder Seite ca. 5 Minuten braten. Mit der Soße anrichten. Dazu schmeckt ein gemischter Salat.

ZUBEREITUNGSZEIT ca. 50 Min. + Wartezeit ca. 1 ½ Std.
PORTION ca. 540 kcal
E 22 g · F 39 g · KH 19 g

102

Zander auf Potsdamer Art

ZUTATEN FÜR 4 PERSONEN
- 1,5 kg weißer Spargel
- 6 Stiele Petersilie
- 1 Zitrone
- Salz ▾ Zucker
- 750 g Zanderfilet (mit Haut) ▾ Pfeffer
- 2 EL Mehl
- 8 EL Butter
- 2 EL kleine Kapern (Glas)

1 Spargel waschen, schälen und die holzigen Enden abschneiden. Petersilie waschen und hacken. Zitrone mit einem scharfen Messer so schälen, dass die weiße Haut vollständig entfernt wird. Filets zwischen den Trennhäuten herausschneiden. Trennhäute ausdrücken, Saft auffangen.

2 Spargel in kochendem Salzwasser mit etwas Zucker zugedeckt 15–20 Minuten garen.

3 FÜR DEN FISCH Zanderfilet abspülen, trocken tupfen und in 4 Stücke schneiden. Die Hautseite mehrmals leicht einschneiden. Fisch mit Salz und Pfeffer würzen und in Mehl wenden. Überschüssiges Mehl leicht abklopfen.

4 2 EL Butter in einer Pfanne erhitzen. Fisch darin erst auf der Hautseite, dann auf der Fleischseite jeweils 2–3 Minuten braten. Herausnehmen, warm stellen.

5 6 EL Butter im heißen Bratfett schmelzen. Zitronenfilets samt -saft, Kapern und Petersilie zufügen. Vom Herd nehmen. Spargel abtropfen lassen. Mit Fisch und Kapernbutter anrichten. Dazu passen neue Kartoffeln.

ZUBEREITUNGSZEIT ca. 1 Std.
PORTION ca. 390 kcal
E 42 g · F 18 g · KH 12 g

Forelle Müllerin-Art mit Weißweinsoße

ZUTATEN FÜR 4 PERSONEN

- 75 g + 1 EL Butter
- 1 kg Kartoffeln • Salz
- 1 Zwiebel
- 250 ml trockener Weißwein • Pfeffer
- 4 küchenfertige Forellen (à ca. 300 g)
- 4 EL Zitronensaft
- ca. 100 g Mehl
- 4 EL Butterschmalz
- 250 g Schlagsahne • Zucker
- 2 EL Mandelblättchen
- 5 Stiele Petersilie

1 75 g Butter in Stückchen für die Soße bis zur Weiterverarbeitung einfrieren. Kartoffeln schälen, waschen und vierteln. In Salzwasser ca. 20 Minuten kochen.

2 FÜR DIE SOSSE Zwiebel schälen und fein würfeln. Mit Wein in einem Topf aufkochen. Mit Salz und Pfeffer würzen und auf ca. die Hälfte einkochen.

3 FÜR DEN FISCH Forellen abspülen und trocken tupfen. Von innen und außen mit Zitronensaft beträufeln, mit Salz und Pfeffer würzen. Forellen in Mehl wenden, überschüssiges Mehl leicht abklopfen. Butterschmalz in zwei großen Pfannen erhitzen. Forellen darin bei mittlerer Hitze von jeder Seite 6–8 Minuten braten.

4 FÜR DIE SOSSE Sahne zu der Weißweinreduktion gießen und aufkochen. Gefrorene Butterstückchen nach und nach unterschlagen, bis die Soße andickt. Mit Salz, Pfeffer und 1 Prise Zucker abschmecken.

5 Mandelblättchen zu den Forellen geben und kurz goldbraun rösten. Petersilie waschen und fein hacken. Kartoffeln abgießen, mit 1 EL Butter und Petersilie schwenken. Alles anrichten. Dazu schmeckt ein grüner Salat.

ZUBEREITUNGSZEIT ca. 1 Std.
PORTION ca. 810 kcal
E 41 g · F 45 g · KH 47 g

Feine Erbsensuppe mit Räucheraal

ZUTATEN FÜR 4 PERSONEN

- 2 Zwiebeln
- 2 Knoblauchzehen
- 2 EL Öl
- 1 Packung (450 g) TK-Erbsen
- 3 TL Gemüsebrühe (instant)
- 150 g Crème fraîche
- 2–3 TL Meerrettich (Glas)
- 100 g geräuchertes Aalfilet (ohne Haut)
- Salz Pfeffer

1 Zwiebeln und Knoblauch schälen und fein würfeln. Öl in einem Topf erhitzen. Zwiebeln und Knoblauch darin andünsten. Gefrorene Erbsen, bis auf 4 EL, zufügen und kurz mitdünsten. 800 ml Wasser und Brühe zufügen. Alles aufkochen und bei mittlerer Hitze ca. 8 Minuten köcheln.

2 Crème fraîche und Meerrettich verrühren. Aal in kleine Stücke schneiden. Erbsen in der Brühe mit einem Stabmixer fein pürieren.

3 Restliche Erbsen zufügen und nochmals kurz aufkochen. Mit Salz und Pfeffer abschmecken. Suppe mit Meerrettichcreme und Aal servieren.

ZUBEREITUNGSZEIT ca. 30 Min.
PORTION ca. 350 kcal
E 12 g · F 25 g · KH 18 g

zu Gast beim Winzer

Pittoreske Weindörfer, typische Winzerhöfe, malerische Weinberge, so präsentieren sich die Weinbaugebiete Deutschlands. Ob in der Pfalz, in Baden oder im Rheingau, die Rebflächen reichen teilweise bis zum Horizont und bieten immer wieder ein unvergleichliches Panorama.

Wenn ab Ende August die Hochsaison der Weinfeste startet, werden die Fachwerkhäuser mit leuchtenden Blumen geschmückt, und Genießer aus aller Welt kommen auf einen Schoppen zusammen.

Beschaulich geht es bei den unzähligen kleinen Winzern zu. Zu Weincremesuppe oder Rieslingbraten werden ausgesuchte Weine verköstigt, und wer mag, kauft gleich ein paar Fläschchen für zu Hause. Wenn die aus dem Keller kommen, lebt mit herzhaftem Gugelhupf oder Zwiebelkuchen die Erinnerung an genussvolle Tage noch einmal auf. Prosit!

Fränkisches Winzersteak mit Semmelknödeln
Rezept auf Seite 108

REZEPT zu Seite 107

Winzersteak mit Semmelknödeln

ZUTATEN FÜR 4 PERSONEN
- ♥ 5 Brötchen (vom Vortag)
- ♥ 200 ml Milch ♥ Salz ♥ Pfeffer
- ♥ 3 Zwiebeln (davon 2 rote) ♥ 3 EL Öl
- ♥ 1 Bund Petersilie
- ♥ 2 Eier (Gr. M)
- ♥ 8 Scheiben Frühstücksspeck (Bacon)
- ♥ 4 Schweinenackensteaks (à ca. 150 g)
- ♥ 150 g kernlose Weintrauben
- ♥ 1–2 EL Mehl ♥ 125 ml Apfelsaft
- ♥ 125 ml Rotwein (z. B. Spätburgunder)

1 FÜR DIE KNÖDEL Brötchen in dünne Scheiben schneiden. Milch aufkochen und über die Brötchen gießen. Mit Salz und Pfeffer würzen und alles gut vermengen. Zugedeckt ca. 1 Stunde ziehen lassen.

2 1 Zwiebel schälen und fein würfeln. 1 EL Öl erhitzen. Zwiebel darin glasig dünsten. Petersilie waschen und fein hacken. Eier, Zwiebel und Petersilie unter die Brötchenmasse kneten. Aus der Masse mit angefeuchteten Händen 8 Knödel formen.

3 2 rote Zwiebeln schälen und in Streifen schneiden. 6 Speckscheiben in Streifen schneiden, 2 halbieren. Fleisch trocken tupfen. Weintrauben waschen und halbieren.

4 Knödel in reichlich kochendes Salzwasser geben und im offenen Topf ca. 15 Minuten gar ziehen lassen.

5 FÜR DIE STEAKS 2 EL Öl in einer großen Pfanne erhitzen. Steaks darin von jeder Seite ca. 3 Minuten braten. Mit Salz und Pfeffer würzen. Herausnehmen. Halbierte Speckscheiben im Bratfett knusprig braten. Herausnehmen.

6 FÜR DIE SOSSE Rote Zwiebeln und Speckstreifen im Bratfett andünsten. Mit Mehl bestäuben. Apfelsaft und Wein einrühren und aufkochen. Mit Salz und Pfeffer abschmecken. Steaks in die Soße legen und warm stellen.

7 Weintrauben in die Soße geben und kurz erwärmen. Knödel herausheben und abtropfen lassen. Alles anrichten.

ZUBEREITUNGSZEIT ca. 1¼ Std. + Wartezeit ca. 30 Min.
PORTION ca. 770 kcal
E 42 g · F 42 g · KH 50 g

Rheingauer Spundekäs*

ZUTATEN FÜR 4 PERSONEN
- ♥ 75 g weiche Butter
- ♥ 1 Knoblauchzehe
- ♥ 100 g Doppelrahmfrischkäse
- ♥ 125 g Sahnequark
- ♥ Salz ♥ Pfeffer
- ♥ 3 TL Edelsüßpaprika
- ♥ 2 Zwiebeln

* Spundekäs ist in den Weinbaugebieten am Rhein und in der Pfalz eine beliebte Spezialität der Strauß- oder Besenwirtschaften. Sein Name ergab sich aus der Kegelform, die an den Spund eines Weinfasses erinnert

1 Butter mit den Schneebesen des Rührgerätes cremig rühren. Knoblauch schälen und durch die Knoblauchpresse drücken. Frischkäse, Quark und Knoblauch unter die Buttermasse rühren. Mit Salz, Pfeffer und 2–3 TL Edelsüßpaprika kräftig abschmecken.

2 Zwiebeln schälen und in dünne Ringe schneiden. Spundekäs mit zwei Esslöffeln zu Nocken abstechen und mit Zwiebelringen auf Tellern anrichten. Dazu schmecken Salzbrezeln und Cracker.

ZUBEREITUNGSZEIT ca. 10 Min.
PORTION ca. 260 kcal
E 5 g · F 25 g · KH 3 g

Rieslingbraten mit Kräuter-Käse-Spätzle

ZUTATEN FÜR 8 PERSONEN

- ♥ 1,6 kg Schweinenacken
- ♥ 2 Zwiebeln
- ♥ 1 Bund Suppengrün
- ♥ 10 Stiele Salbei
- ♥ 1 l Weißwein (z. B. Riesling)
- ♥ 2 Lorbeerblätter ♥ 3 Gewürznelken
- ♥ 3 Wacholderbeeren ♥ 1 TL Pfefferkörner
- ♥ 4 Pimentkörner ♥ Salz
- ♥ 3 EL Öl ♥ Pfeffer
- ♥ 1 EL Tomatenmark
- ♥ 5 Stiele Petersilie ♥ ½ Bund Schnittlauch
- ♥ 150 g Gouda (Stück)
- ♥ 2 EL Butter
- ♥ 2 Packungen (à 400 g) frische Spätzle (Kühlregal)
- ♥ 1–2 EL dunkler Soßenbinder
- ♥ 1 großer Gefrierbeutel

1 2 TAGE VORHER FÜR DEN BRATEN Fleisch trocken tupfen. Zwiebeln schälen und grob würfeln. Suppengrün putzen bzw. schälen, waschen und grob würfeln. Salbei waschen und grob hacken. Alles mit Wein, 250 ml Wasser, Lorbeer, Nelken, Wacholder, Pfeffer- und Pimentkörnern in einen großen Gefrierbeutel füllen. Beutel fest verschließen und in eine flache Schüssel legen. 2 Tage im Kühlschrank ziehen lassen, dabei ab und zu wenden.

2 NACH 2 TAGEN Braten aus der Marinade heben. Marinade durch ein Sieb gießen, Flüssigkeit dabei auffangen. Braten trocken tupfen und mit Salz einreiben. Öl in einem großen Bräter erhitzen. Fleisch darin rundherum kräftig anbraten. Herausheben. Abgetropftes Gemüse im Bratfett kräftig anbraten. Mit Salz und Pfeffer würzen. Tomatenmark zufügen und kurz anschwitzen. Fleisch wieder in den Bräter geben und mit der Marinade ablöschen. Aufkochen und zugedeckt bei schwacher Hitze ca. 3 Stunden schmoren.

3 FÜR DIE SPÄTZLE Petersilie und Schnittlauch waschen, fein schneiden. Käse reiben. Butter portionsweise in einer Pfanne erhitzen. Spätzle darin portionsweise anbraten. Mit Petersilie und Schnittlauch mischen, in eine ofenfeste Form geben. Mit Käse bestreuen und im vorgeheizten Backofen (E-Herd: 200 °C/Umluft: 175 °C/Gas: s. Hersteller) ca. 10 Minuten überbacken.

4 FÜR DIE SOSSE Braten aus dem Fond heben und warm stellen. Fond durch ein Sieb gießen und wieder in den Bräter geben. Aufkochen, mit Soßenbinder binden und ca. 1 Minute köcheln. Soße mit Salz und Pfeffer abschmecken.

5 Fleisch aufschneiden und auf einer Platte anrichten. Spätzle und Soße dazu reichen. Dazu schmeckt Blumenkohl oder grüne Bohnen.

ZUBEREITUNGSZEIT ca. 3 ½ Std. + Wartezeit 2 Tage
PORTION ca. 780 kcal
E 48 g · F 42 g · KH 34 g

Pfälzer Wurstsalat mit Käse

ZUTATEN FÜR 4 PERSONEN

- ♥ 400 g Fleischwurst
- ♥ 250 g Butterkäse (Stück)
- ♥ 250 g Pfälzer Schwartenmagen in dünnen Scheiben (siehe Tipp)
- ♥ 2–3 Zwiebeln
- ♥ 5 EL Weißweinessig
- ♥ 1 TL mittelscharfer Senf
- ♥ Salz ♥ Pfeffer ♥ Zucker
- ♥ 6 EL Öl
- ♥ 200 g Feldsalat
- ♥ 1 Bund Schnittlauch

1 Von der Fleischwurst die Haut abziehen. Wurst und Käse in Streifen schneiden. Schwartenmagen in grobe Stücke reißen. Zwiebeln schälen und in dünne Ringe schneiden oder hobeln.

2 Essig und Senf verquirlen. Mit Salz, Pfeffer und etwas Zucker würzen. Öl unterschlagen. Mit Wurst, Schwartenmagen, Käse und Zwiebeln mischen. Ca. 1 Stunde ziehen lassen.

3 Feldsalat putzen und waschen. Schnittlauch waschen und in feine Röllchen schneiden. Beides unter die Wurstmischung heben. Mit Salz und Pfeffer abschmecken. Dazu schmeckt rustikales Landbrot.

ZUBEREITUNGSZEIT ca. 30 Min. + Wartezeit ca. 1 Std.
PORTION ca. 620 kcal
E 38 g · F 47 g · KH 4 g

SCHWARTENMAGEN

Je nach Region wird die Sülzwurst auch Presssack oder Presskopf genannt. Diese Bezeichnung leitet sich davon ab, dass die Wurstmasse bei der Herstellung zusammengepresst wird.

Knuspriger Flammkuchen

ZUTATEN FÜR 6 PERSONEN

- ♥ ½ Würfel (21 g) Hefe
- ♥ 2 TL Zucker
- ♥ 600 g Mehl ♥ Salz
- ♥ 7 EL Öl
- ♥ 3 Zwiebeln
- ♥ Mehl für die Arbeitsfläche
- ♥ 150 g Schinkenwürfel
- ♥ 200 g Schmand
- ♥ Backpapier

1 FÜR DEN TEIG Hefe zerbröckeln und mit Zucker verrühren, bis die Hefe flüssig ist. Mehl, ½ TL Salz, 6 EL Öl, 300 ml lauwarmes Wasser und Hefe in eine Schüssel geben. Mit den Knethaken des Rührgerätes zu einem glatten Teig verkneten. Zugedeckt an einem warmen Ort ca. 45 Minuten gehen lassen.

2 FÜR DEN BELAG Zwiebeln schälen und in dünne Ringe schneiden oder hobeln. 1 EL Öl in einer Pfanne erhitzen. Zwiebelringe darin glasig dünsten. Pfanne vom Herd nehmen.

3 Teig erneut durchkneten und halbieren. Hälfte Teig auf etwas Mehl sehr dünn ausrollen (ca. 25 x 30 cm). Auf ein mit Backpapier ausgelegtes Backblech legen. Hälfte Schmand darauf verstreichen. Mit jeweils Hälfte Schinkenwürfeln und Zwiebeln belegen.

4 Flammkuchen im vorgeheizten Backofen (E-Herd: 225 °C/Umluft: 200 °C/Gas: s. Hersteller) 12–15 Minuten backen. Inzwischen die übrigen Zutaten auf die gleiche Weise zu einem weiteren Flammkuchen verarbeiten. Den fertigen Flammkuchen aus dem Ofen nehmen und den 2. Flammkuchen backen.

ZUBEREITUNGSZEIT ca. 45 Min. + Gehzeit ca. 45 Min.
PORTION ca. 590 kcal
E 17 g · F 22 g · KH 76 g

Weißweinhähnchen mit Pilzen

ZUTATEN FÜR 4 PERSONEN

- ♥ 1 Zwiebel
- ♥ evtl. 1 Knoblauchzehe
- ♥ 400 g Champignons
- ♥ 1 bratfertiges Hähnchen (ca. 1,3 kg)
- ♥ Salz ♥ Pfeffer
- ♥ 2 EL Öl
- ♥ ½ TL getrockneter Estragon
- ♥ 1 leicht gehäufter EL (15 g) Mehl
- ♥ evtl. 4 EL Weinbrand
- ♥ 400 ml Weißwein (z. B. Grauburgunder)
- ♥ 50–75 g Crème fraîche
- ♥ 1 Eigelb

1 Zwiebel und eventuell Knoblauch schälen und fein hacken. Pilze putzen, waschen und je nach Größe halbieren oder vierteln. Hähnchen waschen, trocken tupfen und in 8–10 Stücke teilen. Mit Salz und Pfeffer würzen.

2 Öl in einem Topf erhitzen. Hähnchenteile darin goldbraun anbraten. Herausnehmen. Zwiebel, nach Belieben Knoblauch und Pilze im heißen Bratfett ca. 5 Minuten kräftig anbraten. Mit Salz, Pfeffer und Estragon würzen.

3 Pilze mit Mehl bestäuben und hell anschwitzen. Mit Weinbrand und Wein ablöschen. Ca. 125 ml Wasser angießen. Hähnchen wieder zufügen. Alles aufkochen und zugedeckt ca. 40 Minuten schmoren. Dann offen ca. 20 Minuten weiterköcheln.

4 Hähnchenteile in eine Schüssel geben. Crème fraîche und Eigelb verquirlen und in die Soße rühren (nicht mehr kochen!). Soße mit Salz und Pfeffer abschmecken und über das Fleisch geben. Dazu passen Spätzle.

ZUBEREITUNGSZEIT ca. 1 ¾ Std.
PORTION ca. 620 kcal
E 52 g · F 34 g · KH 4 g

Dampfnudeln mit Kartoffelsuppe („Grumbeersupp")

ZUTATEN FÜR 6 PERSONEN

- ♥ 1 Würfel (42 g) Hefe
- ♥ 3 gehäufte EL Zucker
- ♥ 100 g Butter
- ♥ 250 ml Milch
- ♥ 500 g Mehl
- ♥ 1 Ei (Gr. M) ♥ Salz ♥ Pfeffer
- ♥ 1 kg mehligkochende Kartoffeln
- ♥ 1 Möhre
- ♥ 1 Stange Porree
- ♥ 1 Zwiebel ♥ 1 Knoblauchzehe
- ♥ 7–9 EL Öl
- ♥ 2–3 EL Gemüsebrühe (instant)
- ♥ Mehl für die Arbeitsfläche
- ♥ 100 g Schlagsahne

1 FÜR DIE DAMPFNUDELN Hefe zerbröckeln, mit 1 EL Zucker verrühren, bis sie flüssig ist. Butter schmelzen, vom Herd nehmen und Milch zugießen. Abkühlen lassen. Mit 500 g Mehl, Hefe, Ei, 2 EL Zucker und 1 TL Salz verkneten. Zugedeckt an einem warmen Ort ca. 45 Minuten gehen lassen.

2 FÜR DIE SUPPE Kartoffeln, Möhre und Porree schälen bzw. putzen, waschen, klein schneiden. Zwiebel und Knoblauch schälen und würfeln. In 1 EL heißem Öl andünsten. Kartoffeln, Gemüse, 1 ½ l Wasser und Brühe zufügen. Aufkochen und zugedeckt ca. 45 Minuten köcheln.

3 FÜR DIE DAMPFNUDELN Teig nochmals durchkneten und auf etwas Mehl zur Rolle formen. In ca. 18 Stücke schneiden und zu Kugeln formen. Zugedeckt 20–25 Minuten gehen lassen.

4 In einer großen beschichteten Pfanne mit Deckel 175 ml Wasser mit 1 TL Salz und 3–4 EL Öl erhitzen. Hälfte Dampfnudeln mit etwas Abstand hineinsetzen. Zugedeckt bei schwacher Hitze ca. 15 Minuten garen. Nach ca. 10 Minuten Temperatur auf mittlere Hitze erhöhen. Sobald die Flüssigkeit verdampft ist, Dampfnudeln umdrehen und weitere 1–2 Minuten goldbraun braten. Herausnehmen und warm stellen. Pfanne säubern. Übrige Dampfnudeln ebenso braten.

5 Suppe pürieren und Sahne unterrühren. Mit Salz und Pfeffer abschmecken. Mit Dampfnudeln servieren.

ZUBEREITUNGSZEIT ca. 1 ½ Std. + Gehzeit 1–1 ¼ Std.
PORTION ca. 750 kcal
E 16 g · F 33 g · KH 93 g

Würziges Schmalz-töpfchen mit Mett

ZUTATEN FÜR 3 GLÄSER (À CA. 250 ML INHALT)

- ♥ 250 g Schweineschmalz
- ♥ 1 kg Schweinemett
- ♥ 2 EL getrockneter Thymian
- ♥ 2 Lorbeerblätter
- ♥ 1 TL Wacholderbeeren
- ♥ Pfeffer ♥ Salz

1 Schmalz in einer großen Pfanne oder im weiten Topf erhitzen. Mett fein zerkrümeln und hineingeben. Thymian, Lorbeer und Wacholder zufügen. Mit Pfeffer und wenig Salz würzen. Bei mittlerer Hitze ca. 1 Stunde braten. Ab und zu umrühren.

2 Schmalz mit Salz und Pfeffer abschmecken. Heiß in vorbereitete Gläser füllen. Gläser verschließen und auskühlen lassen. Zu frischem Brot und kräftigem Landwein servieren.

ZUBEREITUNGSZEIT ca. 1 ¼ Std.
HALTBARKEIT 2–3 Wochen

Rieslingtopf „Besoffene Wutz"

ZUTATEN FÜR 4 PERSONEN

- ♥ 750 g Schweineschulter (Schwarte und Knochen vom Fleischer entfernen lassen)
- ♥ 1 Schweinefilet (ca. 250 g)
- ♥ evtl. 2 Schweinefüße und 1 -schwänzchen (beim Fleischer zerkleinert vorbestellen)
- ♥ 1 großes Bund Suppengrün
- ♥ je 3 Stiele Petersilie und Thymian
- ♥ 3 Knoblauchzehen
- ♥ 500 ml Riesling ♥ Salz ♥ Pfeffer
- ♥ 1 Lorbeerblatt ♥ gemahlener Koriander
- ♥ 1 kg festkochende Kartoffeln
- ♥ 2 Zwiebeln

1 AM VORTAG Fleisch abspülen und trocken tupfen. Schweineschulter und -filet grob würfeln. Suppengrün putzen bzw. schälen, waschen und klein schneiden.

2 Petersilie und Thymian waschen, fein hacken. Knoblauch schälen und fein hacken. Riesling mit Petersilie, Thymian, Knoblauch, Salz, Pfeffer, Lorbeer und 1 Prise Koriander verrühren. Gesamtes Fleisch und Suppengrün damit mischen und zugedeckt im Kühlschrank ca. 24 Stunden marinieren.

3 AM NÄCHSTEN TAG Kartoffeln schälen, waschen und in Scheiben schneiden. Zwiebeln schälen und in dünne Ringe schneiden. Fleisch abgießen, dabei die Marinade auffangen. Alles in einen großen Bräter schichten, dabei mit Kartoffeln abschließen. Marinade darübergießen.

4 Rieslingtopf zugedeckt im vorgeheizten Backofen (E-Herd: 200 °C/Umluft: 175 °C/Gas: s. Hersteller) ca. 2 Stunden schmoren. Mit Salz und Pfeffer abschmecken.

ZUBEREITUNGSZEIT ca. 2½ Std. + Wartezeit ca. 1 Tag
PORTION ca. 660 kcal
E 60 g · F 19 g · KH 38 g

Hähnchenfilets im Speckmantel

ZUTATEN FÜR 4 PERSONEN

- ♥ 1 Zwiebel
- ♥ 750 g Brokkoli ♥ Salz
- ♥ 4 Hähnchenfilets ♥ Pfeffer
- ♥ 1 TL getrockneter Thymian
- ♥ 4 Scheiben Frühstücksspeck (Bacon)
- ♥ 2 EL Öl
- ♥ 1 gehäufter EL Mehl
- ♥ 250 ml trockener Weißwein (z. B. Weißburgunder)
- ♥ 200 g Schlagsahne
- ♥ 1 EL Tomatenmark
- ♥ 1 TL Hühnerbrühe (instant)
- ♥ 75–100 g Bergkäse (Stück) ♥ Zucker

1 Zwiebel schälen und fein würfeln. Brokkoli putzen, waschen und in Röschen teilen. Brokkoli zugedeckt in wenig kochendem Salzwasser 3–5 Minuten dünsten. Abtropfen lassen.

2 Hähnchenfilets abspülen und trocken tupfen. Mit Salz, Pfeffer und Thymian würzen. Filets mit jeweils 1 Scheibe Speck umwickeln. Öl in einer großen Pfanne erhitzen. Filets darin kurz anbraten. Mit Brokkoli in eine ofenfeste Form legen.

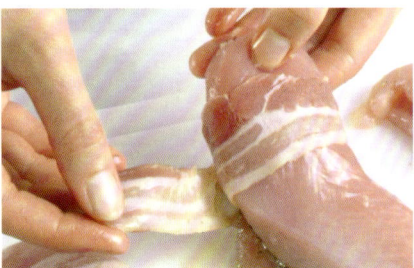

3 FÜR DIE SOSSE Zwiebel im heißen Bratfett andünsten. Mit Mehl bestäuben, hell anschwitzen. Wein, 200 ml Wasser und Sahne einrühren. Aufkochen. Tomatenmark und Brühe unterrühren. Soße ca. 5 Minuten köcheln.

4 Käse reiben. Soße mit Salz, Pfeffer und etwas Zucker abschmecken. In die Form gießen und mit Käse bestreuen. Im vorgeheizten Backofen (E-Herd: 175 °C/Umluft: 150 °C/Gas: s. Hersteller) 30–40 Minuten backen.

ZUBEREITUNG ca. 1 ¼ Std.
PORTION ca. 550 kcal
E 48 g · F 32 g · KH 10 g

Zwiebelkuchen vom Blech

ZUTATEN FÜR CA. 16 STÜCKE

♥ 200 ml Milch
♥ 1 EL Zucker
♥ ½ Würfel (21 g) Hefe
♥ 400 g Mehl ♥ Salz
♥ 5 EL Öl
♥ 400 g rote Zwiebeln
♥ 1 kg Zwiebeln
♥ 1 Bund Lauchzwiebeln
♥ 250 g geräucherter durchwachsener Speck
♥ Fett für die Fettpfanne
♥ 6 Eier (Gr. M)
♥ 400 g Schmand ♥ Pfeffer
♥ 1 Bund Schnittlauch

1 FÜR DEN HEFETEIG Milch und Zucker lauwarm erwärmen. Hefe hineinbröckeln und auflösen. Mehl und 1 TL Salz mischen. 3 EL Öl und Hefemilch zufügen und alles zu einem geschmeidigen Teig verkneten. Zugedeckt an einem warmen Ort mindestens 45 Minuten gehen lassen.

2 FÜR DEN BELAG gesamte Zwiebeln schälen und grob würfeln. Lauchzwiebeln putzen, waschen und in Ringe schneiden. Speck würfeln.

3 2 EL Öl in einer großen Pfanne oder einem weiten Topf erhitzen. Speck darin knusprig braten. Herausnehmen. Zwiebelwürfel im Bratfett 15–20 Minuten glasig dünsten. Lauchzwiebeln zufügen und kurz mitdünsten. Zwiebeln abkühlen lassen.

4 Teig nochmals durchkneten. Auf einer gefetteten Fettpfanne (ca. 32 x 39 cm) ausrollen und am Rand ca. 1 cm hochdrücken. Zwiebeln und ⅔ Speck darauf verteilen. Nochmals ca. 20 Minuten gehen lassen.

5 Eier, Schmand, Pfeffer und etwas Salz verquirlen. Über den Zwiebeln verteilen. Im vorgeheizten Backofen (E-Herd: 200 °C/Umluft: 175 °C/ Gas: s. Hersteller) 25–30 Minuten backen. Schnittlauch waschen und in Röllchen schneiden. Kuchen herausnehmen. Mit Schnittlauch und Rest Speck bestreuen. Warm servieren.

ZUBEREITUNGSZEIT ca. 1 ¾ Std. + Gehzeit mind. 1 Std.
STÜCK ca. 350 kcal
E 9 g · F 23 g · KH 25 g

Weincremesuppe mit Buttergemüse

ZUTATEN FÜR 8 PERSONEN
- ♥ 3 Zwiebeln
- ♥ 2 Stangen Porree
- ♥ 600 g Mohren
- ♥ 100 g + 2 EL Butter
- ♥ Salz ♥ Pfeffer
- ♥ 75 g Mehl
- ♥ 500 ml trockener Weißwein (z. B. Gutedel)
- ♥ 2–3 EL Gemüsebrühe (instant)
- ♥ 200 g Schlagsahne ♥ Zucker

1 Zwiebeln schälen und grob würfeln. Porree und Möhren putzen bzw. schälen und waschen. 1 ½ Stangen Porree und Hälfte Möhren in grobe Stücke schneiden.

2 100 g Butter in einem Topf erhitzen. Zwiebeln, Porree- und Möhrenstücke darin ca. 5 Minuten andünsten. Mit Salz und Pfeffer würzen. Mehl darüberstäuben und goldgelb anschwitzen. 1,5 l Wasser, Wein und Brühe einrühren und aufkochen. Suppe zugedeckt ca. 12 Minuten köcheln.

3 FÜR DAS BUTTERGEMÜSE übrigen Porree und Rest Möhren in feine Ringe bzw. Würfel schneiden. 2 EL Butter in einer Pfanne erhitzen. Porree und Möhren darin ca. 5 Minuten andünsten. Mit Salz und Pfeffer würzen.

4 Suppe durchsieben, dabei das Gemüse mit einem Löffelrücken leicht durchs Sieb streichen. Suppe nochmals aufkochen und mit Sahne verfeinern. Mit Salz, Pfeffer und 1 Prise Zucker abschmecken. Suppe mit dem Buttergemüse anrichten.

ZUBEREITUNGSZEIT ca. 50 Min.
PORTION ca. 320 kcal
E 3 g · F 21 g · KH 15 g

Käse-Öhrchen

ZUTATEN FÜR CA. 40 STÜCK

- ♥ 1 Rolle (270 g) frischer Blätterteig (24 x 42 cm; Kühlregal)
- ♥ 4 Zweige Rosmarin
- ♥ 175 g mittelalter Gouda (Stück)
- ♥ 3 Knoblauchzehen
- ♥ 1 Eigelb
- ♥ 1 EL Schlagsahne oder Milch
- ♥ 1 gestrichener EL grobes Meersalz
- ♥ Backpapier

1 Teig aus dem Kühlschrank nehmen und ca. 10 Minuten ruhen lassen. Rosmarin waschen. Nadeln abzupfen und hacken. Käse reiben. Knoblauch schälen und fein hacken.

2 Teig samt Backpapier entrollen und die Platte einmal längs halbieren. Käse, Rosmarin und Knoblauch gleichmäßig auf beiden Platten verteilen. Jede Platte von den Längsseiten her bis zur Mitte eng aufrollen. In jeweils 20 Scheiben schneiden und leicht zusammendrücken. Öhrchen auf zwei mit Backpapier belegte Backbleche legen.

3 Eigelb und Sahne verquirlen und die Öhrchen damit bestreichen. Mit etwas grobem Salz bestreuen. Nacheinander im vorgeheizten Backofen (E-Herd: 200 °C/Umluft: 175 °C/Gas: s. Hersteller) 13–15 Minuten backen. Auf einem Gitter auskühlen lassen. Als Knabbergebäck zum Wein reichen.

ZUBEREITUNGSZEIT ca. 1 ¼ Std.
STÜCK ca. 50 kcal
E 2 g · F 3 g · KH 3 g

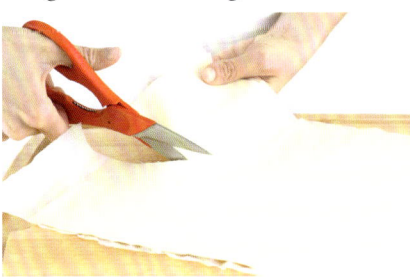

Knusprige Blutwursthörnchen

ZUTATEN FÜR 24 STÜCK

- ♥ 1 Rolle (270 g) frischer Blätterteig (24 x 42 cm; Kühlregal)
- ♥ 125 g Blutwurst in Scheiben
- ♥ 2–3 Lauchzwiebeln
- ♥ Pfeffer (evtl. grober)
- ♥ 1 Ei
- ♥ Backpapier

1 Teig aus dem Kühlschrank nehmen und ca. 10 Minuten ruhen lassen. Wurst sehr fein würfeln. Lauchzwiebeln putzen, waschen und sehr fein schneiden bzw. hacken. Mit Blutwurst mischen und mit Pfeffer würzen.

2 Blätterteig samt Backpapier entrollen und die Platte einmal längs halbieren. Hälften in insgesamt 12 Rechtecke (à ca. 8 x 10,5 cm) schneiden und diese diagonal halbieren.

3 Je ca. 1 TL Wurstmasse auf die Dreiecke verteilen und zur Spitze hin zu Hörnchen aufrollen. Auf zwei mit Backpapier ausgelegte Backbleche setzen. Ei verquirlen. Hörnchen damit bestreichen. Mit Pfeffer bestreuen. Nacheinander im vorgeheizten Backofen (E-Herd: 200 °C/Umluft: 175 °C/Gas: s. Hersteller) ca. 15 Minuten backen. Als Snack zum Wein servieren.

ZUBEREITUNGSZEIT ca. 1¼ Std.
STÜCK ca. 70 kcal
E 2 g · F 5 g · KH 4 g

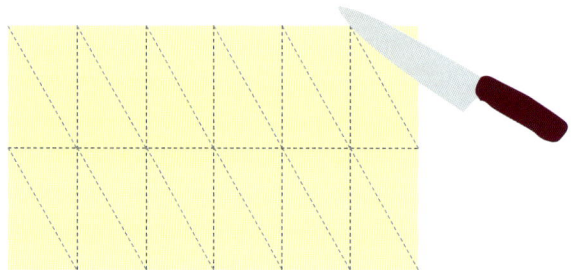

Herzhafter Gugelhupf mit Schinken und Walnüssen

ZUTATEN FÜR 12 STÜCKE

- ♥ 220 ml halbtrockener Weißwein (z. B. Silvaner) ♥ 2 TL Zucker
- ♥ 30 g frische Hefe
- ♥ 500 g Mehl
- ♥ 2 Eier (Gr. M) ♥ Salz
- ♥ 150 g weiche Butter
- ♥ 150 g Schinkenspeck
- ♥ 100 g Walnusskerne
- ♥ 8 Stiele glatte Petersilie
- ♥ ½ Bund Schnittlauch
- ♥ 250 g Magerquark
- ♥ 125 g Vollmilchjoghurt ♥ Pfeffer
- ♥ Fett und Mehl für die Form

1 FÜR DEN TEIG Wein und 1 TL Zucker lauwarm erwärmen. Hefe hineinbröckeln und auflösen. Mehl, Eier, 1 TL Salz, Butter und aufgelöste Hefe in eine Rührschüssel geben. Mit den Knethaken des Rührgerätes zu einem geschmeidigen Teig verkneten. Zugedeckt an einem warmen Ort ca. 1 Stunde gehen lassen.

2 Inzwischen Schinkenspeck in feine Streifen schneiden und in einer Pfanne ohne Fett ca. 2 Minuten knusprig braten. Auf Küchenpapier abtropfen lassen. Nüsse grob hacken. Kräuter waschen. Petersilie hacken, Schnittlauch in feine Röllchen schneiden.

3 FÜR DEN DIP Quark und Joghurt mit 1 TL Zucker, Schnittlauch und Hälfte Petersilie verrühren. Mit Salz und Pfeffer abschmecken. Zugedeckt kalt stellen.

4 FÜR DEN GUGELHUPF Nüsse, Schinken und Rest Petersilie unter den Teig kneten. In eine gefettete und mit Mehl ausgestäubte Gugelhupfform (ca. 2 l Inhalt) füllen. Zugedeckt weitere 30 Minuten gehen lassen.

5 Im vorgeheizten Backofen (E-Herd: 175 °C/Umluft: 150 °C/Gas: s. Hersteller) ca. 50 Minuten backen. In der Form ca. 10 Minuten abkühlen lassen, dann sturzen. Schmeckt warm und kalt. Quarkdip dazu reichen.

ZUBEREITUNGSZEIT ca. 1 ¼ Std. + Wartezeit ca. 2 Std.
STÜCK ca. 420 kcal
E 11 g · F 26 g · KH 33 g

Schokotartelettes mit Birnen und Trauben

ZUTATEN FÜR 8 STÜCK

♥ 250 g Mehl
♥ 125 g + 2 EL Zucker
♥ 1 Eigelb (Gr. M) ♥ Salz
♥ 125 g kalte Butter
♥ Mehl zum Ausrollen
♥ Fett und Mehl für die Förmchen
♥ 250 g Schlagsahne
♥ 200 g Zartbitterschokolade
♥ 2 reife Birnen (à ca. 250 g)
♥ Saft von 1 Zitrone
♥ 1 Päckchen Vanillezucker
♥ 150 g rote Trauben
♥ Puderzucker zum Bestäuben

1 FÜR DEN MÜRBETEIG Mehl, 125 g Zucker, Eigelb, 1 Prise Salz, Butter in Stückchen und 1 EL kaltes Wasser erst mit den Knethaken des Rührgerätes, dann kurz mit den Händen zu einem glatten Teig verkneten.

2 Teig zu einer Rolle formen und in 8 Scheiben schneiden. Scheiben auf etwas Mehl jeweils rund (ca. 13 cm Ø) ausrollen und in gefettete, mit Mehl ausgestäubte Tortelettförmchen mit Hebeboden (10 cm Ø) legen. Rand und Boden leicht andrücken. Boden mit einer Gabel mehrmals einstechen und ca. 30 Minuten kalt stellen.

3 Tartelettes im vorgeheizten Backofen (E-Herd: 200 °C/Umluft: 175 °C/Gas: s. Hersteller) auf unterster Schiene (Gas: s. Hersteller) 18–20 Minuten backen und ca. 20 Minuten abkühlen lassen. Dann aus den Formen lösen und auskühlen lassen.

4 FÜR DIE SCHOKOSAHNE Sahne erhitzen. Schokolade in Stücke teilen und in der Sahne schmelzen. Abkühlen lassen und ca. 1 Stunde kalt stellen, bis die Schokosahne beginnt fest zu werden.

5 FÜR DIE FRÜCHTE Birnen schälen, vierteln, entkernen und in Spalten schneiden. In einem weiten Topf Zitronensaft, 2 EL Zucker, Vanillezucker und 750 ml Wasser aufkochen. Birnen darin 2–3 Minuten dünsten. Auskühlen lassen. Trauben waschen. Birnen und Trauben trocken tupfen.

6 Schokosahne kurz verrühren, mit einem Esslöffel in die Tartelettes füllen. Früchte darauf verteilen. Tartelettes ca. 45 Minuten kalt stellen. Mit Puderzucker bestäuben.

ZUBEREITUNGSZEIT ca. 1½ Std. + Wartezeit ca. 5 Std.
STÜCK ca. 590 kcal
E 6 g · F 32 g · KH 66 g

Weincreme mit Zwetschen und Löffelbiskuits

ZUTATEN FÜR 10–12 PERSONEN

- ♥ 1 kg Zwetschen oder Pflaumen
- ♥ 250 g Gelierzucker (2:1)
- ♥ 1 TL Zimt
- ♥ 1 Msp. gemahlene Gewürznelken
- ♥ 200 g Löffelbiskuits
- ♥ 2 EL Butter
- ♥ 4 Blatt Gelatine
- ♥ 4 Eier (Gr. M)
- ♥ 200 g Zucker
- ♥ 400 ml trockener Weißwein
  (z. B. Müller-Thurgau)
- ♥ 800 g Schlagsahne

1 FÜR DAS KOMPOTT Zwetschen waschen, halbieren und entsteinen. Mit Gelierzucker, Zimt und Nelken in einen großen Topf geben. Unter Rühren aufkochen und ca. 4 Minuten köcheln. Auskühlen lassen.

2 Löffelbiskuits grob zerbröseln. Butter in einer Pfanne schmelzen, Biskuitbrösel darin goldbraun rösten. Auskühlen lassen.

3 FÜR DIE WEINCREME Gelatine in kaltem Wasser einweichen. Eier und Zucker im heißen Wasserbad weißcremig aufschlagen, bis die Creme andickt. Wein darunterschlagen und alles noch einmal unter Rühren erhitzen. Gelatine ausdrücken und unter Rühren in der heißen Creme auflösen. Creme im kalten Wasserbad auskühlen lassen, dabei öfter umrühren.

4 Ca. ⅔ Kompott in eine große Schale geben. Mit ca. ⅔ Biskuitbröseln bestreuen. Sahne steif schlagen und in 2 Portionen unter die Weincreme heben. Creme auf die Brösel geben und mindestens 2 Stunden kalt stellen. Mit Rest Kompott und Bröseln anrichten.

ZUBEREITUNGSZEIT ca. 45 Min. +
Wartezeit mind. 4 Std.
PORTION ca. 540 kcal
E 6 g · F 25 g · KH 63 g

Gutes aus der Heimat

Regionale Spezialitäten liegen voll im Trend. Liebhaber und Feinschmecker im ganzen Land bringen fast vergessene Produkte wieder auf unsere Speisekarten. Entdecken auch Sie Köstliches und Kultiges von der Küste bis zu den Alpen

Der Käse aus dem **Oberallgäu** verdankt seinen Namen der dünnflüssigen, lackartigen Schmiere, die seine Oberfläche bedeckt. Er riecht stark, ist pikant und leicht scharf im Geschmack. Er wird in Würfeln à 60 g verkauft. Schmeckt z. B. zur Butterbrezel oder als Füllung für herzhafte Küchle.

EBBELWOI

Apfelwein ist das Nationalgetränk der **Hessen.** Dafür wird der Saft heimischer Äpfel bis zu einem Alkoholgehalt von 5–6 Volumenprozent vergoren. Das spritzige Getränk wird traditionell im Steinkrug, dem Bembel, serviert und aus gerippten Gläsern getrunken.

WEISSLACKER

SANDDORN

Die orangefarbenen Beeren werden wegen ihres hohen Vitamin-C-Gehaltes auch als Zitrone des Nordens bezeichnet. Ihre Hauptanbaugebiete befinden sich in **Brandenburg, Mecklenburg-Vorpommern** und **Sachsen-Anhalt.** Nach der Ernte im Herbst entsteht aus den Beeren Saft, Konfitüre oder Wein.

SCHWÄBISCH-HÄLLISCHES LANDSCHWEIN

Mit der artgerechten Haltung alter Nutztierrassen wie diesen Landschweinen aus **Baden-Württemberg** setzen Bio-Bauern einen nachhaltigen Gegenpol zur Massenaufzucht. Die robusten Tiere zeichnen sich durch ein aromatisches, dunkelrotes, gut marmoriertes Fleisch aus, das beim Braten nicht wässert.

STINT

Je nach Witterung ziehen die kleinen Edelfische im Februar/ März zum Laichen in die Elbe. Einst ein Arme-Leute-Essen, sind sie in **Hamburg** und Umgebung inzwischen Kult geworden. Die Fischlein werden in Roggenmehl gewendet und in Butter und Speck gebraten.

Alte Apfelsorten bringen Abwechslung auf den Tisch und sind sogar für Allergiker besser verträglich als neue Sorten aus dem Supermarkt. Aus **Seestermühe** in Schleswig-Holstein stammt der gleichnamige Zitronenapfel (auch Goldgelbe Renette genannt). Dieser aromatische Winterapfel wird im Oktober geerntet und kann sofort verzehrt werden.

SEESTERMÜHER ZITRONENAPFEL

Bei Berliner Weißbier handelt es sich um ein obergäriges Schankbier aus Weizen- und Gerstenmalz. Pur schmeckt es leicht säuerlich, deshalb wird es gern mit einem Schuss Himbeer- oder Waldmeistersirup gemischt. Mit nur knapp 3 Volumenprozent Alkohol nicht nur in **Berlin** ein beliebtes Sommergetränk.

BERLINER WEISSE

SPREEWÄLDER GURKEN

Humusreicher Boden und die besonderen Wasserverhältnisse bieten im **Spreewald** optimale Bedingungen für den Anbau der kleinen Einlegegurken. In Essig- oder Salzlake werden sie haltbar gemacht. Der Name ist geografisch geschützt und darf nur für Gurken aus der Region verwendet werden.

BAMBERGER HÖRNLA

Die alte Kartoffelsorte aus **Franken** wäre fast ausgestorben und wurde nur durch die Initiative regionaler Erzeuger und Unterstützer erhalten. Gourmets lieben die länglichen kleinen Knollen wegen ihres nussigen, intensiven Geschmacks. Super als Pellkartoffel und für Salate.

LÜBECKER MARZIPAN

Ursprünglich aus dem Orient, ist Marzipan heutzutage untrennbar mit der norddeutschen Stadt **Lübeck** verbunden. Die dortigen Hersteller haben sich verpflichtet, mindestens 70 Prozent Mandeln und maximal 30 Prozent Zucker zu verwenden. Etwas Rosenwasser rundet die Süßigkeit ab.

Aus dem Wald

Von den ausgedehnten Bergwäldern in den Bayerischen Alpen über den Harz bis hin zum naturbelassenen Darßwald an der vorpommerschen Ostseeküste – rund ein Drittel Deutschlands ist mit Wald bedeckt.

Diese Landschaften sind eine Quelle besonders ursprünglicher Genüsse. In den Gasthöfen entlang der Wanderrouten können sich Spaziergänger an aromatischem Wildbret stärken. Im Frühjahr sprießt der Bärlauch, er zeigt sich gern in der Nähe alter Buchen. Ab Mai betört uns dann der liebliche Duft der Holunderblüten, die zu süßen Küchlein ausgebacken werden. Beeren und Wildfrüchte, aus denen wir feine Konfitüren und Liköre zaubern, locken im Spätsommer vom Wegesrand.

Im Herbst geht es schließlich in die Pilze. Ob Steinpilz, Marone oder Pfifferling, der Kenner wird mit geübtem Blick so manche Delikatesse unter den Bäumen finden.

Hirschbraten mit Kartoffelroulade
Rezept auf Seite 128

REZEPT zu Seite 127

Hirschbraten mit Kartoffelroulade

ZUTATEN FÜR 4 PERSONEN
- 1,5 kg ausgelöste Hirschkeule
- Salz ♥ Pfeffer ♥ 1 Zwiebel ♥ 4 Gewürznelken
- 1 Bund Suppengrün ♥ 3 EL Öl
- 2 Lorbeerblätter ♥ 10 Pfefferkörner
- 60 g + 75 g weiche Butter ♥ 70 g Zucker
- 50 g + 150 g Mehl ♥ 500 ml Rotwein
- 1 TL Gemüsebrühe (instant)
- 500 g mehligkochende Kartoffeln
- 2 Eigelb + 1 Ei (Gr. M)
- 3 EL Semmelbrösel ♥ Mehl für die Hände
- Frischhaltefolie ♥ Küchengarn

1 FÜR DEN BRATEN Fleisch abspülen, trocken tupfen. Mit Salz und Pfeffer einreiben. Zwiebel schälen, mit Nelken spicken. Suppengrün schälen bzw. putzen, waschen und fein schneiden.

2 Öl in einem Bräter erhitzen. Fleisch darin rundherum kräftig anbraten. Herausnehmen. Gemüse, Lorbeer und Pfefferkörner im Bratfett kräftig anrösten. Zwiebel kurz mitbraten. Fleisch auf das Gemüse setzen.

3 60 g Butter in einem Topf erhitzen. Zucker darin schmelzen. 50 g Mehl einrühren und hell anschwitzen. Wein, 250 ml Wasser und Brühe einrühren. Aufkochen, über den Braten gießen. Zugedeckt im vorgeheizten Backofen (E-Herd: 175 °C/Umluft: 150 °C/Gas: s. Hersteller) ca. 2¾ Stunden schmoren.

4 FÜR DIE ROULADE Kartoffeln waschen, ca. 25 Minuten kochen. Abschrecken, schälen und durch eine Kartoffelpresse drücken. Sofort mit 75 g Butter, Eigelb, Ei, 150 g Mehl, Semmelbröseln und 1 TL Salz verkneten.

5 Kartoffelteig auf einem Stück Frischhaltefolie mit bemehlten Händen zum Rechteck (ca. 30 x 35 cm) formen. Mithilfe der Folie von der Längsseite her aufrollen. Ohne Folie fest in ein Geschirrtuch wickeln. Enden mit Küchengarn festbinden. In Salzwasser zugedeckt ca. 45 Minuten gar ziehen lassen.

6 Fleisch warm stellen. Soße durchsieben, abschmecken. Kartoffelroulade in Scheiben schneiden. Alles anrichten. Dazu schmeckt gemischtes Gemüse.

ZUBEREITUNGSZEIT ca. 3¾ Std.
PORTION ca. 880 kcal
E 61 g · F 36 g · KH 57 g

Bärlauch-Rührei-Happen mit Katenschinken

ZUTATEN FÜR 4 PERSONEN
- 1 Bund Bärlauch
- 8 Eier ♥ 7 EL Milch
- Salz ♥ Pfeffer ♥ Muskat
- 3 EL Öl
- 1 Baguettebrötchen
- 2 Scheiben (à ca. 20 g) Katenschinken

1 FÜR DAS RÜHREI Bärlauch verlesen, waschen und trocken tupfen. Bis auf 4 Blätter in feine Streifen schneiden. Eier und Milch verquirlen. Mit Salz, Pfeffer und Muskat würzen. Bärlauch unterrühren.

2 FÜR DAS RÖSTBROT 2 EL Öl in einer beschichteten Pfanne erhitzen. Brötchen in Scheiben schneiden und darin von beiden Seiten goldbraun rösten. Brot herausnehmen.

3 1 EL Öl in der Pfanne erhitzen. Schinken grob zerzupfen und darin goldbraun braten. Herausnehmen.

4 Eier in die Pfanne gießen und stocken lassen, dabei das Ei mehrmals vom Rand zur Mitte schieben. Röstbrot mit Bärlauchblättern, Rührei und Schinken belegen.

ZUBEREITUNGSZEIT ca. 25 Min.
PORTION ca. 350 kcal
E 20 g · F 25 g · KH 10 g

Wildtopf mit Pilzen und Spätzle

ZUTATEN FÜR 4 PERSONEN

- ♥ 1 kg Wildgulasch
  (z. B. Wildschwein- oder Rehkeule)
- ♥ 2 große Zwiebeln
- ♥ 2 EL Butterschmalz ♥ Salz ♥ Pfeffer
- ♥ 3 EL + 300 g Mehl
- ♥ 350 ml Weißwein ♥ 1 EL Senf
- ♥ abgeriebene Schale und Saft
  von je 1 Bio-Orange und -Zitrone
- ♥ 3 EL rotes Johannisbeergelee
- ♥ einige Spritzer Tabasco
- ♥ 4 Eier (Gr. M)
- ♥ 1 Glas (314 ml) Stockschwämmchen
- ♥ 250 g Schlagsahne
- ♥ 3 EL Butter
- ♥ 3 EL Semmelbrösel

1 FÜR DEN WILDTOPF Fleisch trocken tupfen und eventuell kleiner schneiden. Zwiebeln schälen und würfeln. Butterschmalz in einem Bräter erhitzen. Fleisch darin portionsweise kräftig anbraten. Mit Salz und Pfeffer würzen. Zuletzt Zwiebeln kurz mitbraten. Gesamtes Fleisch wieder in den Bräter geben. Mit 3 EL Mehl bestäuben und anschwitzen. Wein, 500 ml Wasser, Senf, Zitrusschale, -saft, Gelee und Tabasco einrühren. Alles aufkochen und zugedeckt ca. 2 Stunden schmoren.

2 FÜR DIE SPÄTZLE 300 g Mehl, Eier, 3 EL Wasser und 1 TL Salz mit einem Holzlöffel verrühren. Schlagen, bis der Teig Blasen wirft. Eventuell noch etwas Wasser darunterschlagen. Zugedeckt bei Zimmertemperatur ca. 1 Stunde quellen lassen.

3 Reichlich Salzwasser aufkochen. Spätzle portionsweise vom Brett hineinschaben oder mit einer Spätzlepresse hineingeben. Offen ca. 4 Minuten garen, bis die Spätzle an der Oberfläche schwimmen. Herausheben und auf einem Sieb abtropfen lassen.

4 FÜR DEN WILDTOPF Pilze abgießen, abspülen und abtropfen lassen. Zum Fleisch geben und kurz erhitzen.

5 Sahne halbsteif schlagen und unter das Fleisch rühren. Wildtopf mit Salz und Pfeffer abschmecken.

6 FÜR DIE SPÄTZLE Butter in einer großen Pfanne erhitzen. Semmelbrösel darin rösten. Spätzle zufügen und kurz schwenken. Alles anrichten. Dazu schmecken Preiselbeeren und ein grüner Salat.

ZUBEREITUNGSZEIT ca. 2½ Std.
PORTION ca. 1090 kcal
E 69 g · F 48 g · KH 77 g

Hasenkeulen mit Champignons

ZUTATEN FÜR 4 PERSONEN

- ♥ 4 Zwiebeln
- ♥ 3 Möhren
- ♥ 4 Stiele Thymian
- ♥ 4 Hasenkeulen (à ca. 250 g; Hinterläufe)
- ♥ 2 TL Wildgewürz ♥ Salz ♥ Pfeffer
- ♥ 3 EL Butterschmalz
- ♥ 2 EL Mehl
- ♥ 1 Glas (500 ml) Wildfond
- ♥ 200 ml trockener Rotwein oder Wildfond
- ♥ 750 g Champignons
- ♥ 2 EL Johannisbeergelee

1 FÜR DIE KEULEN 3 Zwiebeln schälen. Möhren schälen und waschen. Beides grob würfeln. Thymian waschen. Keulen abspülen und trocken tupfen. Mit Wildgewürz, Salz und Pfeffer einreiben.

2 2 EL Butterschmalz in einem Bräter erhitzen. Keulen darin portionsweise rundherum kräftig anbraten. Herausnehmen. Zwiebeln und Möhren im Bratfett anbraten. Mehl darüberstäuben und kurz anschwitzen. Fond und Wein angießen und aufkochen. Keulen und Thymian in den Bräter legen und alles zugedeckt ca. 1½ Stunden schmoren.

3 FÜR DIE CHAMPIGNONS Pilze putzen, waschen und je nach Größe halbieren. 1 Zwiebel schälen und würfeln. 1 EL Butterschmalz in einer Pfanne erhitzen. Pilze darin ca. 20 Minuten braten, bis die gesamte Flüssigkeit verdampft ist. Nach ca. 15 Minuten Zwiebel zufügen und mitbraten. Mit Salz und Pfeffer abschmecken.

4 Keulen aus der Soße nehmen und warm stellen. Soße durch ein Sieb in einen Topf gießen und das Gemüse passieren. Soße aufkochen und das Gelee einrühren. Mit Salz und Pfeffer ab-

schmecken. Keulen in die Soße geben und kurz erhitzen. Alles anrichten. Dazu schmecken Kroketten, Rotkohl oder Rosenkohl und gedünstete Birnen.

ZUBEREITUNGSZEIT ca. 2¼ Std.
PORTION ca. 500 kcal
E 65 g · F 9 g · KH 28 g

GEMÜSE PASSIEREN
Das Schmorgemüse ist zu schade zum Wegwerfen. Durchs Sieb passiert, gibt es der Soße Bindung.

Wildgulasch mit Maronengremolata*

ZUTATEN FÜR 4 PERSONEN

- ♥ 2 Zwiebeln
- ♥ 150 g geräucherter durchwachsener Speck (Stück)
- ♥ 1 kg Wildgulasch (z. B. Wildschwein- oder Rehkeule)
- ♥ 2 EL Öl ♥ Salz ♥ Pfeffer
- ♥ 1 EL Mehl
- ♥ 4 Pimentkörner
- ♥ 4 Wacholderbeeren
- ♥ 2 Lorbeerblätter
- ♥ 600 g Möhren
- ♥ 100 g gegarte Maronen (Esskastanien; vakuumverpackt)
- ♥ 1 Birne
- ♥ 2 EL Butter
- ♥ 1 Bund Petersilie

1 FÜR DAS GULASCH Zwiebeln schälen und würfeln. Speck in Streifen schneiden. Fleisch trocken tupfen.

2 Öl in einem Bräter erhitzen. Fleisch darin portionsweise kräftig anbraten. Mit Salz und Pfeffer würzen. Herausnehmen. Speck und Zwiebeln im Bratfett anbraten. Fleisch wieder zufügen. Mehl darüberstäuben, kurz anschwitzen. Mit 750 ml Wasser ablöschen. Mit Salz, Pfeffer, Piment, Wacholder und Lorbeer würzen. Aufkochen und zugedeckt ca. 2 ½ Stunden schmoren.

3 Nach ca. 2 Stunden Möhren schälen, waschen und in Scheiben schneiden. Zum Fleisch geben und mitschmoren.

4 FÜR DIE GREMOLATA Maronen grob würfeln. Birne schälen, vierteln, entkernen und in feine Würfel schneiden. Butter in einer Pfanne erhitzen. Maro-

nen darin ca. 5 Minuten anrösten. Birnenwürfel zufügen und weitere 2 Minuten mitbraten. Petersilie waschen, hacken und unterrühren. Mit Salz und Pfeffer abschmecken. Gulasch mit der Gremolata anrichten. Dazu schmeckt Kartoffelpüree.

ZUBEREITUNGSZEIT ca. 3 Std.
PORTION ca. 630 kcal
E 64 g · F 28 g · KH 26 g

* Gremolata ist eine Würzmischung, die eigentlich aus Petersilie, Zitronenschale und Knoblauch besteht. Wir haben sie hier mit gewürzten Maronen und Birnen abgewandelt

Schwammerlragout zu herzhaften Salamiknödeln

ZUTATEN FÜR 4 PERSONEN

- ♥ 1 Zwiebel
- ♥ 150 g Salami
- ♥ 3–4 Brötchen vom Vortag (ca. 210 g)
- ♥ 30 g Weichweizengrieß ♥ 1 EL Butter
- ♥ 150 ml Milch
- ♥ 500 g Pfifferlinge
- ♥ 300 g Steinpilze
- ♥ 5 Schalotten (ersatzweise 2 Zwiebeln)
- ♥ 5 Stiele Petersilie
- ♥ 2 Eier (Gr. M) ♥ Salz
- ♥ 4–6 EL Öl ♥ Pfeffer
- ♥ 1 TL Tomatenmark
- ♥ 200 ml Weißwein
- ♥ 2 EL Crème fraîche
- ♥ abgeriebene Schale von 1 Bio-Zitrone
- ♥ ½ Bund Schnittlauch

1 FÜR DIE KNÖDEL Zwiebel schälen. Zwiebel, Salami und Brötchen in kleine Würfel schneiden. Brötchen und Grieß in eine Schüssel geben. Butter in einer Pfanne erhitzen. Zwiebel und Salami darin anbraten. Milch angießen, erhitzen und alles über die Brötchen gießen. Zugedeckt ca. 30 Minuten ziehen lassen.

2 FÜR DAS RAGOUT Pilze putzen, waschen und gut trocken tupfen. Steinpilze kleiner schneiden. Schalotten schälen und fein würfeln.

3 FÜR DIE KNÖDEL Petersilie waschen und fein hacken. Mit Eiern und gut ½ TL Salz zu den Brötchen geben und alles mit den Händen verkneten. Aus der Masse ca. 8 Knödel formen. In reichlich kochendem Salzwasser bei schwacher Hitze ca. 15 Minuten gar ziehen lassen.

4 FÜR DAS RAGOUT Öl in einer Pfanne erhitzen. Pilze darin portionsweise ca. 8 Minuten kräftig braten. Schalotten zufügen und kurz mitbraten. Alle Pilze zurück in die Pfanne geben. Mit Salz und Pfeffer würzen. Tomatenmark, Wein, Crème fraîche und Zitronenschale einrühren, aufkochen und ca. 5 Minuten leicht köcheln.

5 Schnittlauch waschen, in feine Röllchen schneiden und ins Ragout rühren. Pilzragout mit Salz und Pfeffer abschmecken. Knödel herausheben und abtropfen lassen. Alles anrichten.

ZUBEREITUNGSZEIT ca. 1¼ Std. + Wartezeit
PORTION ca. 540 kcal
E 26 g · F 27 g · KH 43 g

Schmorsteaks mit Hagebuttensoße und Pilz-Kartoffel-Strudel

ZUTATEN FÜR 4 PERSONEN

- ♥ 4 Rumpsteaks (à ca. 200 g)
- ♥ 500 g Zwiebeln
- ♥ 4 EL Butterschmalz ♥ Salz ♥ Pfeffer
- ♥ 3 EL Mehl
- ♥ 400 ml Rinderfond (Glas)
- ♥ ½ Töpfchen Thymian
- ♥ 650 g Pilze (z. B. 250 g Steinpilze + 400 g Champignons)
- ♥ 300 g Kartoffeln
- ♥ 1 Packung (120 g) Strudelteig (Kühlregal)
- ♥ 2 EL Butter ♥ 3 EL Semmelbrösel
- ♥ 4 EL Hagebuttenkonfitüre ♥ Backpapier

1 FÜR DAS FLEISCH Steaks trocken tupfen, Fettrand mehrmals einschneiden. Zwiebeln schälen und in dünne Ringe schneiden oder hobeln. 2 EL Butterschmalz in einem flachen Bräter mit Deckel erhitzen. Steaks darin von jeder Seite ca. 2 Minuten braten. Mit Salz und Pfeffer würzen. Herausnehmen.

2 ⅔ Zwiebeln im heißen Bratfett glasig dünsten. 1 EL Mehl darüberstäuben und kurz anschwitzen. Rinderfond und 200 ml Wasser unter Rühren zugießen. Mit Salz und Pfeffer würzen. Aufkochen. Steaks darauflegen, zugedeckt ca. 2 Stunden schmoren. Nach der Hälfte der Garzeit Steaks einmal wenden.

3 FÜR DEN STRUDEL Thymian waschen und fein hacken. Pilze putzen, eventuell waschen, trocken tupfen und in Scheiben schneiden. Kartoffeln schälen, waschen und in sehr kleine Würfel schneiden. 1 EL Butterschmalz in einer Pfanne erhitzen. Kartoffeln darin goldbraun braten. Pilze portionsweise zufügen und weitere 5 Minuten braten. Mit Salz und Pfeffer würzen. Thymian unterrühren. Pfanne vom Herd nehmen, abkühlen lassen.

4 Strudelblätter in der Packung ca. 10 Minuten bei Raumtemperatur ruhen lassen. Butter schmelzen. Strudelblätter auseinanderfalten. Auf einem Geschirrtuch über Kreuz aufeinanderlegen und dabei jeweils mit etwas flüssiger Butter bestreichen. Teig mit

Semmelbröseln bestreuen. Die Pilzmischung auf dem Teig verteilen. Teig rechts und links etwas über die Füllung klappen. Strudel aufrollen.

5 Strudel mit der Naht nach unten auf ein mit Backpapier ausgelegtes Backblech setzen. Mit restlicher Butter bestreichen. Im vorgeheizten Backofen (E-Herd: 200 °C/Umluft: 175 °C/Gas: s. Hersteller) 20–25 Minuten backen. Herausnehmen und ca. 5 Minuten ruhen lassen.

6 Übrige Zwiebeln und 2 EL Mehl in einer Schüssel mischen. 1 EL Butterschmalz in einer beschichteten Pfanne erhitzen. Zwiebeln darin goldbraun rösten. Mit etwas Salz würzen.

7 FÜR DIE SOSSE Steaks aus dem Bräter nehmen. Konfitüre in den Schmorfond rühren. Soße mit Salz und Pfeffer abschmecken. Alles anrichten.

ZUBEREITUNGSZEIT ca. 2¼ Std.
PORTION ca. 640 kcal
E 55 g · F 22 g · KH 51 g

Rehkeule mit Lebkuchensoße

ZUTATEN FÜR 6–8 PERSONEN

- 1 TL Wacholderbeeren ♥ 4 Zweige Rosmarin
- Schale von jeweils 1 Bio-Orange und -Zitrone in Stückchen ♥ Salz ♥ Zucker
- 2 TL Pimentkörner ♥ 1 TL Pfefferkörner
- 1 ausgelöste Rehkeule (ca. 1,35 kg)
- 1 großes Bund Suppengrün
- 3 Zwiebeln ♥ 2 Knoblauchzehen
- 4 EL Öl ♥ 1 EL Tomatenmark
- 500 ml trockener Rotwein
- 2 Gläser (à 400 ml) Wildfond
- 1 kg Rosenkohl ♥ 750 g Champignons
- ½ TL Lebkuchengewürz ♥ Pfeffer ♥ Muskat
- 50 g Schinkenwürfel ♥ 1 EL Speisestärke
- Küchengarn ♥ Alufolie

1 AM VORTAG FÜR DIE KEULE Wacholderbeeren leicht zerstoßen. Rosmarin waschen, Nadeln abzupfen. Beides mit Zitruschale, 2 gehäuften EL Salz, 4 EL Zucker, Piment und Pfeffer mi-

schen. Fleisch abspülen und trocken tupfen. Sehnen und Häutchen entfernen. Fleisch mit der Beize einreiben und über Nacht kalt stellen.

2 AM NÄCHSTEN TAG Beize grob vom Fleisch streifen. Keule mit Küchengarn zu einer Rolle binden. Suppengrün putzen bzw. schälen, waschen und grob würfeln. 2 Zwiebeln und Knoblauch schälen und grob würfeln.

3 2 EL Öl in einem Bräter erhitzen, Fleisch darin rundherum anbraten. Herausnehmen. Suppengrün, Knoblauch und Zwiebelwürfel im Bratfett kräftig anrösten. Tomatenmark kurz mitrösten. Wein und Fond zugießen, Fleisch hineinlegen. Im vorgeheizten Backofen (E-Herd: 150 °C/Umluft: 125 °C/Gas: s. Hersteller) ca. 2 Stunden zugedeckt schmoren.

4 Rosenkohl putzen, waschen und in kochendem Salzwasser ca. 15 Minuten garen. Pilze putzen, waschen und in Scheiben schneiden. Kohl abgießen.

5 Fleisch in Folie wickeln, warm stellen. Fond durch ein Sieb in einen Topf gießen und aufkochen, Lebkuchengewürz zufügen. Soße auf ca. 500 ml einkochen.

6 1 Zwiebel schälen und fein würfeln. 1 EL Öl in einem Topf erhitzen. Zwiebel darin andünsten. Rosenkohl kurz mitdünsten. Mit Salz, Pfeffer und Muskat abschmecken.

7 1 EL Öl in einer Pfanne erhitzen. Schinkenwürfel darin anbraten. Pilze zufügen und kräftig mitbraten. Mit Salz und Pfeffer würzen. Stärke mit 1 EL Wasser verrühren, unter Rühren in die Soße gießen und ca. 5 Minuten köcheln. Mit Salz, Pfeffer und 1 Prise Zucker abschmecken.

8 Küchengarn vom Fleisch entfernen. Fleisch in Scheiben schneiden. Alles anrichten. Dazu passen Kartoffelklöße.

ZUBEREITUNGSZEIT ca. 3 ½ Std. + Wartezeit ca. 12 Std.
PORTION ca. 360 kcal
E 45 g · F 9 g · KH 13 g

Pilz-Puten-Gulasch nach Jägerart

ZUTATEN FÜR 4 PERSONEN

- 500 g gemischte Pilze
  (z. B. Champignons, Pfifferlinge
  und Maronen)
- 1 Zwiebel
- 3 dicke Putenschnitzel (ca. 500 g)
- 5 EL Öl ♥ Salz ♥ Pfeffer
- 2 EL Butter
- 2 leicht gehäufte EL Mehl
- 150 g Schlagsahne
- 2 TL Hühnerbrühe (instant)
- 2 EL eingelegter grüner Pfeffer (Glas)
- 1 Bund Schnittlauch
- 3–4 EL Sherry

1 Pilze putzen, waschen und trocken tupfen. Große Pilze halbieren. Zwiebel schälen und fein würfeln. Fleisch abspülen, trocken tupfen und in Würfel schneiden.

2 2 EL Öl in einem Schmortopf erhitzen. Fleisch darin rundherum ca. 5 Minuten braten. Mit Salz und Pfeffer würzen, herausnehmen.

3 3 EL Öl im Bratfett erhitzen. Pilze darin portionsweise ca. 5 Minuten braten. Mit Salz und Pfeffer würzen. Herausnehmen.

4 2 EL Butter im Bratfett erhitzen. Zwiebel darin glasig braten. Mehl darüberstäuben und hell anschwitzen. Mit 375 ml Wasser und Sahne ablöschen. Aufkochen, Brühe und den grünen Pfeffer einrühren und alles ca. 5 Minuten köcheln.

5 Schnittlauch waschen und in Röllchen schneiden. Pilze, Fleisch und Schnittlauch in der Soße erhitzen. Soße mit Salz und Sherry abschmecken. Dazu schmecken Spätzle.

ZUBEREITUNGSZEIT ca. 45 Min.
PORTION ca. 810 kcal
E 48 g · F 30 g · KH 77 g

135

Hirschrücken in Wacholdersoße mit Speckgnocchi

ZUTATEN FÜR 4 PERSONEN

- ♥ 750 g ausgelöster Hirschrücken (frisch oder TK)
- ♥ 750 g Rosenkohl
- ♥ 10 Scheiben Frühstücksspeck (Bacon)
- ♥ 1 Packung (750 g) Kloßteig „halb & halb" (Kühlregal) ♥ Pfeffer
- ♥ 1 EL Butterschmalz ♥ Salz
- ♥ 3 Stiele Thymian
- ♥ 1 Glas (400 ml) Wildfond
- ♥ 2–3 EL Tannenhonig
- ♥ 5–6 Wacholderbeeren
- ♥ 1 TL Speisestärke
- ♥ Küchengarn ♥ Alufolie

1 Gefrorenen Hirschrücken auftauen lassen. Rosenkohl putzen und waschen. 3 Scheiben Speck in einer Pfanne ohne Fett knusprig braten. Auf Küchenpapier abtropfen und kurz abkühlen lassen. Dann zerbröseln und unter den Kloßteig kneten. Daraus 3–4 Rollen (à ca. 2 cm Ø) formen und in 3–4 cm lange Stücke schneiden. Mit einer Gabel flach zu Gnocchi drücken.

2 FÜR DAS FLEISCH Hirschrücken abspülen, trocken tupfen und mit Pfeffer würzen. Mit 7 Scheiben Speck umwickeln und mit Küchengarn festbinden. Butterschmalz in einer großen Pfanne erhitzen. Fleisch darin rundherum ca. 5 Minuten kräftig anbraten. In eine ofenfeste Form legen. Im vorgeheizten Backofen (E-Herd: 150 °C/Umluft: 125 °C/Gas: s. Hersteller) ca. 30 Minuten braten. Die Pfanne mit dem Bratensatz beiseitestellen.

3 Rosenkohl in kochendem Salzwasser zugedeckt 15–18 Minuten garen. Gnocchi in kochendem Salzwasser bei schwacher Hitze 10–12 Minuten gar ziehen lassen.

4 FÜR DIE SOSSE Thymian waschen und hacken. Den Bratensatz in der Pfanne wieder erhitzen. Fond angießen. Honig, Thymian und Wacholder einrühren, aufkochen und ca. 10 Minuten offen köcheln. Stärke und 2 EL Wasser glatt rühren. In die kochende Soße rühren und ca. 1 Minute köcheln. Mit Salz und Pfeffer abschmecken.

5 Hirschrücken in Folie wickeln und ruhen lassen. Gnocchi abtropfen lassen. Rosenkohl abgießen. Fleisch aufschneiden und den entstandenen Bratensaft aus der Folie in die Soße rühren. Alles anrichten.

ZUBEREITUNGSZEIT ca. 1½ Std.
PORTION ca. 640 kcal
E 57 g · F 19 g · KH 57 g

Kartoffelcremesuppe mit Pfifferlingen und Brätklößchen

ZUTATEN FÜR 4 PERSONEN

- ♥ 600 g Kartoffeln (mehlig- oder vorwiegend festkochend)
- ♥ 4–5 Möhren
- ♥ 1 große Zwiebel
- ♥ 2 EL Butter ♥ Salz ♥ Pfeffer
- ♥ 4 TL Gemüsebrühe (instant)
- ♥ 250–300 g Pfifferlinge (möglichst kleine)
- ♥ 1 Bund Schnittlauch
- ♥ 2–3 EL Öl
- ♥ 2 ungebrühte feine Bratwürste (ca. 250 g)
- ♥ 150 g Crème fraîche

1 Kartoffeln und Möhren schälen, waschen und grob würfeln. Zwiebel schälen und würfeln. Butter in einem Topf erhitzen, Zwiebelwürfel darin glasig dünsten. Kartoffeln und Möhren zufügen und kurz mitdünsten. Mit Salz und Pfeffer würzen. 1 l Wasser angießen und aufkochen. Brühe einrühren und zugedeckt 15–20 Minuten köcheln.

2 Inzwischen Pfifferlinge gründlich waschen, putzen und gut abtropfen lassen. Eventuell kleiner schneiden. Schnittlauch waschen und in feine Röllchen schneiden.

3 Öl in einer großen Pfanne erhitzen. Wurstbrät als kleine Klößchen aus der Haut direkt in die Pfanne drücken und rundherum ca. 3 Minuten braten. Herausnehmen. Pfifferlinge im heißen Bratfett ca. 5 Minuten braten. Mit Salz und Pfeffer würzen.

4 Kartoffeln und Möhren in der Brühe mit einem Stabmixer fein pürieren. Hälfte Crème fraîche einrühren. Suppe mit Salz und Pfeffer abschmecken. Brätklößchen, Schnittlauch und Hälfte Pfifferlinge hineingeben. Suppe mit Crème fraîche und restlichen Pfifferlingen anrichten.

ZUBEREITUNGSZEIT ca. 1 Std.
PORTION ca. 490 kcal
E 14 g · F 37 g · KH 25 g

Hirschragout unter der Blätterteighaube

ZUTATEN FÜR 6 PERSONEN

- 1,2 kg ausgelöste Hirschschulter oder -keule
- 100 g geräucherter durchwachsener Speck
- 200 g Schalotten ♥ 4 EL Öl ♥ Salz ♥ Pfeffer
- 2 EL Tomatenmark ♥ 400 ml Rotwein
- 2 TL Fleischbrühe (instant) ♥ 2 Lorbeerblätter
- je 6 Wacholderbeeren und Gewürznelken
- 4 Scheiben (à 45 g) TK-Blätterteig
- 1,2 kg Rosenkohl ♥ 500 g Champignons
- 300 g Pfifferlinge ♥ 1 Ei
- Mehl für die Arbeitsfläche ♥ 2 EL Milch
- 100 g Maronen (Esskastanien; vakuum-verpackt oder Dose) ♥ 2 EL Trüffelbutter (Glas)

1 FÜR DAS RAGOUT Fleisch abspülen, trocken tupfen und würfeln. Speck würfeln. Schalotten schälen und halbieren. 2 EL Öl in einem Bräter erhitzen. Speck, Fleisch und Schalotten, bis auf 4 Hälften, darin portionsweise anbraten. Alles wieder zufügen, mit Salz und Pfeffer würzen. Tomatenmark einrühren. Wein, ca. 800 ml Wasser, Brühe und Gewürze zufügen. Alles aufkochen und zugedeckt 2–2½ Stunden schmoren.

2 Blätterteig auftauen lassen. Rosenkohl und Pilze putzen und waschen. 2 EL Öl in einer Pfanne erhitzen. Pilze darin ca. 5 Minuten kräftig anbraten und zum Ragout geben. Ragout mit Salz und Pfeffer abschmecken und in eine weite ofenfeste Form füllen.

3 Ei trennen. Formrand mit Eiweiß bestreichen. Teigscheiben aufeinanderlegen und auf etwas Mehl ausrollen (ca. 30 x 30 cm). Teig über die Form legen, Rand andrücken. Überstehenden Teig großzügig abschneiden, Sterne ausstechen und auf die Haube legen. Eigelb und Milch verquirlen, Teig damit bestreichen. Im vorgeheizten Backofen (E-Herd: 200°C/Umluft:175°C/Gas: s. Hersteller) 20–30 Minuten backen.

4 Rosenkohl in kochendem Salzwasser ca. 15 Minuten garen. Übrige Schalottenhälften fein, Maronen grob hacken. Trüffelbutter in einer Pfanne erhitzen. Schalotten und Maronen darin anbraten. Kohl abgießen, mit den Maronen mischen. Dazu passen Bandnudeln.

ZUBEREITUNGSZEIT ca. 3½ Std.
PORTION ca. 810 kcal
E 67 g · F 39 g · KH 30 g

Steinpilzcarpaccio mit Sprossenvinaigrette

ZUTATEN FÜR 4 PERSONEN

- ca. 400 g Steinpilze
- 6 EL Olivenöl
- Salz ♥ Pfeffer
- 2 EL Apfelessig
- ½ TL grober Senf
- ½ TL flüssiger Honig
- 100 g Radieschensprossen
- 2 Beete grüne Daikonkresse (ersatzweise Gartenkresse)

1 Steinpilze waschen, putzen und gründlich trocken tupfen. Pilze in Scheiben schneiden. 2 EL Öl in einer großen Pfanne erhitzen. Pilze darin portionsweise 3–4 Minuten kräftig anbraten. Mit Salz und Pfeffer würzen. Herausnehmen.

2 FÜR DIE VINAIGRETTE Essig, Senf, Honig, Salz und Pfeffer verrühren. 2 EL Öl unterschlagen. Sprossen in ein Sieb geben, kalt abspülen und gut trocken tupfen. Kresse vom Beet schneiden. Alles mischen.

3 Pilze auf Tellern verteilen und die Vinaigrette daraufgeben. Mit 2 EL Öl beträufeln. Lauwarm servieren. Dazu schmeckt frisches Weißbrot.

ZUBEREITUNGSZEIT ca. 15 Min.
PORTION ca. 160 kcal
E 4 g · F 16 g · KH 1 g

Hollerküchle im Bierteig

ZUTATEN FÜR 4 PERSONEN

- ♥ 8 Holunderblütendolden
- ♥ 2 Eier (Gr. M) ♥ Salz
- ♥ 150 g Mehl
- ♥ 125 ml helles Bier
- ♥ 1 Päckchen Vanillezucker
- ♥ 1 l Öl zum Frittieren
- ♥ Puderzucker zum Bestäuben

1 Holunderblütendolden vorbereiten (s. Tipps). **FÜR DEN BIERTEIG** Eier trennen. Eiweiß und 1 Prise Salz mit den Schneebesen des Rührgerätes steif schlagen. Mehl, Bier, Eigelb und Vanillezucker glatt rühren. Eischnee vorsichtig unterheben.

2 Öl in einem großen Topf oder einer Fritteuse auf ca. 180 °C erhitzen. Das Fett hat die richtige Temperatur, wenn an einem Holzkochlöffelstiel oder Holzspieß kleine Bläschen aufsteigen.

3 Blütendolden einzeln in den Teig tauchen, etwas abtropfen lassen und portionsweise im heißen Öl 2–3 Minuten goldgelb ausbacken. Herausnehmen und auf Küchenpapier abtropfen lassen. Mit Puderzucker bestäuben (Stiele nicht mitessen). Dazu schmeckt Vanilleeis.

ZUBEREITUNGSZEIT ca. 30 Min.
PORTION ca. 290 kcal
E 8 g · F 14 g · KH 30 g

HOLUNDERBLÜTEN VORBEREITEN

So gehen Sie mit den duftenden Dolden in der Küche richtig um …

1 AUSSCHÜTTELN
Holunderblütendolden an den Stielen fassen und z. B. Insekten herausschütteln.

2 WASCHEN
Wer möchte, kann die Dolden in stehendem Wasser kurz waschen, doch dabei gehen Blütenstaub und etwas Aroma verloren.

3 TROCKNEN
Auf Küchenpapier gut abtropfen lassen. Die groben Stiele mit einer Schere abschneiden, denn sie schmecken bitter.

Süßer Brombeerauflauf

ZUTATEN FÜR 6 PERSONEN

- ♥ ½ Vanilleschote
- ♥ 5 Eier (Gr. M)
- ♥ 5 EL Zucker
- ♥ 300 ml Milch
- ♥ 200 g Crème double
- ♥ 300 g Weißbrot (vom Vortag)
- ♥ 250 g Brombeeren
- ♥ 3 EL Mandelblättchen
- ♥ Fett für die Förmchen

1 FÜR DIE CREME Vanilleschote längs aufschneiden und das Mark herauskratzen. Eier, Zucker und Vanillemark verquirlen. Milch und Crème double in einem Topf unter Rühren bis zum Sieden erhitzen. In dünnem Strahl unter die Eimasse rühren.

2 Brot in Würfel (ca. 2 cm) schneiden, dann unter die Eimasse heben und ca. 10 Minuten ziehen lassen. Inzwischen Brombeeren verlesen.

3 Eingeweichtes Brot und Brombeeren abwechselnd in sechs gefettete ofenfeste Förmchen (ca. 10 cm Ø) verteilen. Mit Mandelblättchen bestreuen. Im vorgeheizten Backofen (E-Herd: 175 °C/ Umluft: 150 °C/Gas: s. Hersteller) ca. 40 Minuten backen. Aus dem Ofen nehmen, ca. 10 Minuten ruhen lassen. Warm servieren. Dazu schmeckt geschlagene Sahne.

ZUBEREITUNGSZEIT ca. 1 ¼ Std.
PORTION ca. 440 kcal
E 14 g · F 25 g · KH 39 g

Eingelegte Gewürzbrombeeren

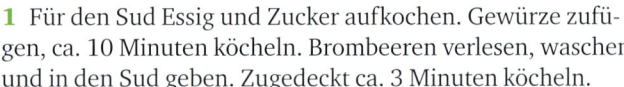

ZUTATEN FÜR 4 GLÄSER (À CA. 300 ML INHALT)
- 100 ml heller Balsamico-Essig
- 225 g Zucker
- 2 Wacholderbeeren
- 4 Gewürznelken
- 1 Zimtstange
- 1 kg Brombeeren

1 Für den Sud Essig und Zucker aufkochen. Gewürze zufügen, ca. 10 Minuten köcheln. Brombeeren verlesen, waschen und in den Sud geben. Zugedeckt ca. 3 Minuten köcheln.

2 Brombeeren samt Sud in vorbereitete Twist-off- oder Einmachgläser füllen. Gläser verschließen und auskühlen lassen. Mindestens 1 Woche ziehen lassen. Schmeckt z. B. zu Waffeln und Crêpes, aber auch in pikanten Blattsalaten, zu Käse oder Steaks.

ZUBEREITUNGSZEIT ca. 25 Min. +
Wartezeit mind. 1 Woche
HALTBARKEIT ca. 6 Wochen

Hiffenmus

ZUTATEN FÜR 4 GLÄSER (À CA. 250 ML INHALT)
- 1 kg Hagebutten
- ca. 800 ml Orangensaft
- 500 g Zucker
- 1 Beutel (25 g) Gelierpulver (z. B. „Gelfix Extra")

1 Hagebutten waschen, Stiele und Blütenansätze abschneiden. Hagebutten und 500 ml Wasser in einem Topf aufkochen und zugedeckt ca. 30 Minuten dünsten. Alles mit einem Kartoffelstampfer fein zerdrücken und durch ein Sieb streichen.

2 Hagebuttenmus mit Orangensaft auf 1 l auffüllen und mit dem Stabmixer fein pürieren. Zucker und „Gelfix" in einem großen Topf mischen. Fruchtpüree zufügen. Alles unter Rühren aufkochen und durch und durch sprudelnd ca. 4 Minuten kochen. Konfitüre sofort in vorbereitete Twist-off- oder Einmachgläser füllen. Gläser verschließen und auskühlen lassen.

ZUBEREITUNGSZEIT ca. 1 Std.
HALTBARKEIT ca. 9 Monate

Waldmeistersirup

ZUTATEN FÜR CA. 650 ML

♥ 1 Bund (ca. 50 g) Waldmeister

♥ 325 g Zucker ♥ 2 EL Zitronensaft

1 AM VORTAG Waldmeister waschen und trocken schütteln. Mit Küchengarn zum Sträußchen binden. Über Nacht anwelken lassen oder einmal einfrieren.

2 AM NÄCHSTEN TAG 450 ml Wasser, Zucker und Zitronensaft so lange kochen, bis die Flüssigkeit klar ist. Waldmeister kopfüber so in den Sirup hängen, dass die Stiele nicht eintauchen. Zugedeckt an einem kühlen Ort ca. 4 Tage ziehen lassen. Sirup durch ein sehr feines Sieb gießen und in eine heiß ausgespülte, fest verschließbare Flasche füllen. Kühl aufbewahrt, hält sich der Sirup bis zu 4 Wochen.

ZUBEREITUNGSZEIT ca. 30 Min. + Wartezeit ca. 5 Tage

Waldmeisterhugo

8 Eiswürfel, 4 dünne Apfelspalten und 8 EL Waldmeistersirup auf vier Weingläser verteilen. Mit 1 Flasche (0,75 l) gekühltem Prosecco aufgießen.

Schlehenlikör

ZUTATEN FÜR 1 FLASCHE (CA. 1 L INHALT)

♥ 250 g Schlehen ♥ 200 g weißer Kandiszucker

♥ 1 Zimtstange ♥ 1 Sternanis ♥ 2 Gewürznelken

♥ 1 Flasche (0,7 l) Doppelkorn oder Wodka
  (Alkoholgehalt mind. 38 Vol.-%)

1 Schlehen waschen, von den Stielen zupfen und in eine große Flasche mit weiter Öffnung (mindestens 1 l Inhalt) geben. Kandis, Gewürze und Korn zufügen. Flasche verschließen und bei Zimmertemperatur ca. 2 Monate ziehen lassen. Dabei ab und zu schütteln.

2 NACH 2 MONATEN ein Sieb mit einem Mulltuch auslegen. Likör durch das Tuch gießen, Beeren leicht ausdrücken. Schlehenlikör in eine saubere Flasche füllen. Mindestens 1 weiteren Monat ziehen lassen.

ZUBEREITUNGSZEIT ca. 20 Min. + Wartezeit mind. 3 Monate
HALTBARKEIT mind. 1 Jahr

SCHLEHEN BRAUCHEN KÄLTE

Erst wenn die Schlehen einmal Frost bekommen haben, entwickeln sie ihren süßen Geschmack. Wenn der Herbst zu mild ist, können Sie die geputzten Schlehen auch selbst über Nacht einfrieren und gleich gefroren in die Flasche geben.

Wie auf der Berghütte

Obatzda, Schweinshaxe, Kaiserschmarrn, es gibt Gerichte, da träumt man sich schon beim Klang ihres Namens in die passende Umgebung. Schwelgt in Bildern von verschneiten Bergen, knirschendem Schnee, kalter, klarer Luft – und dem wärmenden Blockhaus, das eifrige Wanderer mit eben jenen Hüttenklassikern verwöhnt. Der Jagertee bringt die Wangen zum Glühen und macht bald Appetit auf Zwetschenknödel mit Bröselbutter …

Oft sind es die einstigen Arme-Leute-Essen, die heute eine regelrechte Renaissance erleben. So findet man im Schwarzwald immer häufiger Linsen mit Spätzle und Saitenwürsten auf den Speisekarten der Gasthäuser und im Allgäu handgeschabte Kässpatzen.

Ob Schwarzwald, Schwäbische Alb oder das Allgäu – hier lassen wir uns die herrlichen Aussichten und die kulinarische Vielfalt schmecken.

Spanferkelkeule mit Kraut
Rezept auf Seite 146

REZEPT zu Seite 145

Spanferkelkeule mit Kraut

ZUTATEN FÜR 6–8 PERSONEN

- 1 Spanferkelkeule (ca. 2,5 kg) ♥ Salz
- 1 TL gemahlener Kümmel ♥ 3 Zwiebeln
- 1 Bund Suppengrün ♥ 2 EL Schweineschmalz
- 2 Dosen (850 ml) Sauerkraut
- Pfeffer ♥ Zucker ♥ 2 Lorbeerblätter
- 8–10 Wacholderbeeren
- 1 gehäufter EL Speisestärke

1 FÜR DIE KEULE Fleisch trocken tupfen, Schwarte rautenförmig einschneiden. Rundherum mit Salz und Kümmel einreiben. Auf der Fettpfanne im vorgeheizten Backofen (E-Herd: 175 °C/Umluft: 150 °C/ Gas: s. Hersteller) ca. 2 Stunden braten. Zwiebeln schälen, 1 grob würfeln. Suppengrün putzen bzw. schälen, waschen und grob schneiden. Um den Braten verteilen. Nach ca. 1 ½ Stunden Bratzeit 750 ml Wasser angießen.

2 FÜR DAS KRAUT 2 Zwiebeln würfeln. Schweineschmalz in einem Topf erhitzen. Zwiebelwürfel darin glasig dünsten. Sauerkraut kurz mitdünsten. Mit Pfeffer, 2 EL Zucker, Lorbeer und Wacholder würzen. Knapp 500 ml Wasser angießen, aufkochen und zugedeckt ca. 1 ¼ Stunden schmoren.

3 FÜR DIE KEULE ½ TL Salz in 3 EL kaltem Wasser auflösen. Keule von der Fettpfanne nehmen. Bratensatz mit etwas Wasser lösen, samt Gemüse durch ein Sieb in einen Topf passieren. Ofen auf höchste Stufe schalten. Keule wieder auf die Fettpfanne setzen und mit dem Salzwasser bestreichen. Weitere 20 Minuten knusprig braten.

4 Soße mit Wasser auf ca. 750 ml Flüssigkeit auffüllen. Stärke und 2 EL Wasser glatt rühren und die Soße damit leicht binden. Soße und Kraut abschmecken. Alles anrichten.

ZUBEREITUNGSZEIT ca. 2¾ Std.
PORTION ca. 560 kcal
E 56 g · F 31 g · KH 11 g

Obatzda*

ZUTATEN FÜR 4–6 PERSONEN

- 2 reife Camemberts (à 125 g)
- 75 g Crème fraîche
- 1–2 EL weiche Butter
- 2 kleine Zwiebeln
- Salz ♥ Pfeffer
- Edelsüßpaprika
- ½ Bund Schnittlauch

Beliebte Käsezubereitung in Bayern, für die jede Hausfrau ihr eigenes Rezept hat. Der Name leitet sich vom altbayerischen Wort „Baz" ab und beschreibt die breiige Konsistenz

1 Camemberts würfeln. Käse, Crème fraîche und Butter mit den Knethaken des Rührgeräts verkneten.

2 Zwiebeln schälen. 1 Zwiebel in kleine Würfel, die andere in dünne Ringe schneiden. Zwiebelwürfel unter die Creme rühren. Creme mit Salz, Pfeffer und Paprika würzen. In eine Schüssel füllen.

3 Schnittlauch waschen und in feine Röllchen schneiden. Obatzda mit Zwiebelringen, Schnittlauch und Paprikapulver garnieren. Dazu schmecken Laugenbrezeln.

ZUBEREITUNGSZEIT ca. 15 Min.
PORTION ca. 180 kcal
E 9 g · F 15 g · KH 2 g

Gefüllte Kartoffel-knödel mit geschmol-zener Leberwurst

ZUTATEN FÜR 4 PERSONEN

- 1,5 kg mehligkochende Kartoffeln ▾ Salz
- 4 EL Butter
- 1 Bund Schnittlauch
- 50 g Mehl
- 50 g Weichweizengrieß
- 2 Eigelb (Gr. M)
- 200 g grobe Blutwurst
- 150 g Feldsalat
- 125 g Kräuterseitlinge (ersatzweise braune Champignons) ▾ Pfeffer
- 2 EL Weißweinessig ▾ 1 TL Senf
- 1–2 TL Quittengelee
- 2 EL Öl
- 150 g grobe Trüffelleberwurst
- 3–4 EL Schlagsahne
- 2 Stiele Majoran

1 FÜR DIE KNÖDEL Kartoffeln schälen, waschen und in Salzwasser ca. 20 Minuten kochen. Abgießen, durch eine Kartoffelpresse drücken und etwas abkühlen lassen.

2 3 EL Butter zerlassen. Schnittlauch waschen und in feine Röllchen schneiden. Flüssige Butter, Schnittlauch, Mehl, Grieß und Eigelb zur Kartoffel-masse geben, mit den Händen glatt verkneten. Mit Salz würzen.

3 Blutwurst in Stücke schneiden. Aus der Kartoffelmasse mit angefeuchteten Händen ca. 12 Knödel formen, dabei jeweils etwas Blutwurst in die Mitte geben. Knödel in reichlich siedendem Salzwasser bei schwacher Hitze ca. 10 Minuten gar ziehen lassen.

4 FÜR DEN SALAT Feldsalat putzen, waschen, trocken schütteln. Pilze putzen und waschen. 1 EL Butter in einer Pfanne erhitzen. Pilze darin ca. 4 Minuten braten. Mit Salz und Pfeffer würzen.

5 FÜR DIE VINAIGRETTE Essig, Senf und Gelee verrühren. Mit Salz und Pfeffer würzen. Öl unterschlagen. Mit Salat und Pilzen mischen.

6 FÜR DIE SOSSE Leberwurst und Sahne vorsichtig erwärmen (nicht aufkochen!). Majoran waschen, hacken und unterrühren. Alles anrichten.

ZUBEREITUNGSZEIT ca. 1 Std.
PORTION ca. 790 kcal
E 24 g · F 45 g · KH 67 g

Linsen mit Spätzle und Würstchen

ZUTATEN FÜR 4–6 PERSONEN

- 100 g geräucherter durchwachsener Speck
- 4 EL Butter
- 2 EL Mehl
- 1 EL Tomatenmark
- 300 g Tellerlinsen
- ½ l Rotwein
- 2 TL klare Brühe (instant)
- 2 Lorbeerblätter
- 5 Wacholderbeeren
- 400 g Spätzle ♥ Salz
- 8 Saitenwürstle (siehe Tipp) oder Wiener Würstchen
- 1–2 EL Apfelessig
- Zucker

1 Speck in feine Würfel schneiden. 2 EL Butter in einem Topf erhitzen. Speck darin ca. 2 Minuten anbraten. 2 EL Mehl darüberstäuben und unter Rühren anschwitzen. Tomatenmark kurz mit anschwitzen. Linsen, Wein, 500 ml Wasser, Brühe, Lorbeer und Wacholder zufügen. Aufkochen und zugedeckt ca. 45 Minuten köcheln, dabei mehrmals umrühren.

2 Spätzle in kochendem Salzwasser nach Packungsanweisung garen. Abgießen und abtropfen lassen.

3 Würstchen kurz in heißem Wasser erhitzen. 2 EL Butter in einer Pfanne schmelzen. Spätzle darin schwenken. Linsen mit Essig, 1 Prise Zucker und eventuell Salz abschmecken. Alles anrichten.

ZUBEREITUNGSZEIT ca. 1 ¼ Std.
PORTION ca. 930 kcal
E 37 g · F 46 g · KH 71 g

SAITENWÜRSTLE

In Schwaben, wo dieses Gericht herkommt, werden Wiener Würstchen als Saitenwürstle bezeichnet. Sie sehen genauso aus wie Wiener, werden aber nicht angeräuchert.

Kalbshaxen zu Bayerisch Kraut und Kartoffelknödeln

ZUTATEN FÜR 4–6 PERSONEN

- 1 Bund Suppengrün ♥ 4 Zwiebeln
- 2 Kalbshaxen (à ca. 1,5 kg) ♥ Salz ♥ Pfeffer
- 3 EL Öl ♥ 1 EL Tomatenmark
- 250 ml Weißwein
- 2 EL klare Brühe (instant)
- 1 Weißkohl (ca. 1,25 kg)
- 3 EL Schweineschmalz ♥ 1 TL Kümmel
- 2 Äpfel
- 1,5 kg mehligkochende Kartoffeln
- 1 Scheibe Toastbrot
- 2–3 EL Apfelessig ♥ 1 TL Zucker
- 2 EL Speisestärke

1 FÜR DIE HAXEN Suppengrün putzen bzw. schälen, waschen und grob würfeln. Zwiebeln schälen, 2 vierteln. Haxen abspülen, trocken tupfen, mit Salz und Pfeffer würzen. 2 EL Öl in einem Bräter erhitzen. Haxen darin kräftig anbraten. Herausnehmen. Suppengrün und Zwiebelviertel im Bratfett andünsten. Tomatenmark anschwitzen. Wein, 500 ml Wasser und 1 EL Brühe einrühren, aufkochen. Haxen zufügen. Offen im vorgeheizten Backofen (E-Herd: 200 °C/Umluft: 175 °C/Gas: s. Hersteller) ca. 2 ½ Stunden schmoren. Dabei öfter beschöpfen.

2 FÜR DAS KRAUT Kohl putzen, waschen und fein hobeln. 2 Zwiebeln würfeln und im heißen Schmalz andünsten. Kohl mitdünsten. Mit 500 ml Wasser, 1 EL Brühe und Kümmel aufkochen. Äpfel schälen, raspeln, zufügen. Alles 40–45 Minuten schmoren.

3 FÜR DIE KNÖDEL Kartoffeln schälen und waschen. 500 g Kartoffeln in Salzwasser ca. 20 Minuten kochen. Toast fein würfeln. In 1 EL heißem Öl rösten. Auskühlen lassen.

4 Übrige Kartoffeln reiben, in einem Geschirrtuch gut ausdrücken. Wasser auffangen und etwas stehen lassen. Abgießen, abgesetzte Stärke zu den Kartoffeln geben. Gekochte Kartoffeln abgießen, gut abdämpfen und noch heiß durchpressen. Mit rohen Kartoffeln verkneten. Masse mit Salz und Pfeffer würzen. Aus der Masse ca. 10 Knödel formen, dabei jeweils 4–5 Brotwürfel in die Mitte drücken. Knödel in reichlich siedendem Salzwasser ca. 10 Minuten gar ziehen lassen.

5 FÜR DAS KRAUT Kohl mit Salz, Pfeffer, Essig und Zucker abschmecken. 1 EL Stärke und etwas Wasser glatt rühren. In den Kohl rühren, 5 Minuten köcheln.

6 FÜR DIE SOSSE Haxen warm stellen. Fond durchsieben. Bratensatz mit wenig Wasser lösen, zum Fond gießen und aufkochen. 1 EL Stärke und etwas Wasser glatt rühren. Fond damit binden. Alles anrichten.

ZUBEREITUNGSZEIT ca. 3 Std.
PORTION ca. 720 kcal
E 78 g · F 17 g · KH 51 g

149

Wurstsalat mit Brezencroûtons

ZUTATEN FÜR 4 PERSONEN

- 3 rote Zwiebeln
- 2 rote Paprikaschoten
- 4 Gewürzgurken
- 150 g Bergkäse in Scheiben (3–4 mm dick)
- 200 g Mortadellawurst in Scheiben (3–4 mm dick)
- 5–6 EL Weißweinessig
- 2 EL süßer Senf ♥ Salz ♥ Pfeffer
- 4–5 EL Öl
- 1 Bund Schnittlauch
- 2 Laugenbrezeln

1 Zwiebeln schälen und halbieren. Paprika putzen, waschen und vierteln. Gurken quer halbieren. Zwiebeln, Paprika, Gurken, Käse und Wurst in 3–4 cm lange Streifen schneiden. Alles in einer Schüssel mischen.

2 FÜR DIE MARINADE 5 EL Essig, Senf, Salz und Pfeffer verrühren. 3 EL Öl unterschlagen. Schnittlauch waschen, in feine Röllchen schneiden und unterrühren. Senfmarinade mit dem Wurstsalat mischen und mindestens 30 Minuten ziehen lassen.

3 Inzwischen Brezeln in Würfel schneiden. 1–2 EL Öl in einer Pfanne erhitzen. Brezelwürfel darin unter Wenden rösten. Herausnehmen. Den Wurstsalat mit Salz, Pfeffer und eventuell Essig abschmecken. Brezencroûtons unterheben.

ZUBEREITUNGSZEIT ca. 30 Min. + Wartezeit mind. 30 Min.
PORTION ca. 530 kcal
E 20 g · F 39 g · KH 21 g

Bayerischer-Kasselerauflauf

ZUTATEN FÜR 4 PERSONEN

- ♥ 600 g vorwiegend festkochende Kartoffeln
- ♥ 4 EL Butter ♥ 2 EL Mehl
- ♥ 2 TL Gemüsebrühe (instant)
- ♥ 600 g ausgelöstes Kasselerkotelett ♥ 2 EL Öl
- ♥ 1 Dose (850 ml) Sauerkraut
- ♥ 150 ml Kristallweizen (Weißbier) ♥ Pfeffer
- ♥ 1 Lorbeerblatt ♥ Salz
- ♥ 5 Stiele Petersilie ♥ ½ Laugenstange
- ♥ 1 Bund Lauchzwiebeln ♥ 100 g Schlagsahne
- ♥ Muskat ♥ 1 TL Speisestärke ♥ Zucker

1 FÜR DIE BÉCHAMELKARTOFFELN
Kartoffeln schälen, waschen und in Scheiben schneiden. 2 EL Butter in einem Topf erhitzen. Mehl darüberstäuben und hell anschwitzen. Nach und nach 500 ml Wasser zugießen. Aufkochen, Brühe einrühren und Kartoffeln zufügen. Kartoffeln zugedeckt bei schwacher Hitze 15–20 Minuten garen, dabei ab und zu umrühren.

2 FÜR DAS KASSELER Fleisch waschen, trocken tupfen und in Würfel schneiden. Öl in einem Topf erhitzen, Fleisch darin portionsweise anbraten. Herausnehmen und beiseitestellen.

3 FÜR DAS KRAUT Sauerkraut abtropfen lassen. Im heißen Bratfett anbraten. Bier, Pfeffer und Lorbeer zufügen und zugedeckt ca. 30 Minuten schmoren.

4 FUR DIE BRÖSEL Petersilie waschen und hacken. Laugenstange im Universalzerkleinerer fein zerbröseln. Mit 2 EL Butter und Petersilie verkneten.

5 Lauchzwiebeln putzen, waschen und in Ringe schneiden. Sahne zu den Kartoffeln gießen. Mit Salz, Pfeffer und Muskat abschmecken. Lorbeer aus dem Kraut entfernen. Stärke mit 2 EL Wasser glatt rühren und unter das Kraut rühren. 2–3 Minuten unter Rühren köcheln. Kraut mit Pfeffer und etwas Salz abschmecken. Mit Kasseler und Lauchzwiebeln mischen.

6 Béchamelkartoffeln und Krautmischung in eine Auflaufform schichten. Brösel darauf verteilen. Im vorgeheizten Backofen (E-Herd: 200 °C/ Umluft: 175 °C/Gas: s. Hersteller) 20–25 Minuten backen.

ZUBEREITUNGSZEIT ca. 1 ¼ Std.
PORTION ca. 630 kcal
E 39 g · F 34 g · KH 35 g

Saurer Käs

ZUTATEN FÜR 4-6 PERSONEN

- ▾ 1 EL Zucker
- ▾ 100 ml milder Weißweinessig
- ▾ Salz ▾ Pfeffer ▾ Cayennepfeffer
- ▾ 5–6 EL Öl
- ▾ 2–3 Zwiebeln
- ▾ 5 Stiele Petersilie
- ▾ 1–2 EL Kümmel
- ▾ 400 g Romadur (Weichkäse mit Rotschmiere; Stück)
- ▾ Radieschen zum Garnieren

1 FÜR DAS DRESSING Zucker in 75 ml Wasser und Essig auflösen. Mit Salz, Pfeffer und 1 Prise Cayennepfeffer kräftig würzen. Öl unterschlagen. Zwiebeln schälen und fein würfeln. Petersilie waschen und fein schneiden. Zwiebeln, Petersilie und Kümmel in das Dressing rühren.

2 Käse in Scheiben schneiden und mit dem Dressing übergießen. Anrichten, mit Radieschen und restlicher Petersilie garnieren. Dazu schmecken frische Laugenbrezeln.

ZUBEREITUNGSZEIT ca. 25 Min.
PORTION ca. 290 kcal
E 16 g · F 22 g · KH 6 g

Bühler Schweinetaschen

ZUTATEN FÜR 4 PERSONEN

- 350 g Pflaumen oder Zwetschen
- 1–2 EL Zucker
- 2 Gewürznelken
- 1 Zimtstange
- 2 Zwiebeln
- 4 Schweinenackensteaks (à ca. 175 g)
- Salz ▾ Pfeffer
- 3–4 EL Mehl
- 3 EL Öl
- 1 EL Gemüsebrühe (instant)
- 125 ml trockener Rotwein (z. B. Dornfelder)
- 8–12 Holzspießchen

1 Pflaumen waschen, entsteinen und vierteln. Mit 1 EL Wasser, Zucker, Nelken und Zimt aufkochen. Zugedeckt 1–2 Minuten köcheln.

2 Zwiebeln schälen und in Ringe schneiden. Fleisch trocken tupfen und flach klopfen. Mit Salz und Pfeffer würzen und je 1 EL Pflaumen darauf verteilen. Fleisch überklappen und mit je 2–3 Holzspießchen feststecken.

3 Fleischtaschen in 2–3 EL Mehl wenden. Öl in einem Bräter erhitzen und das Fleisch darin von beiden Seiten kräftig anbraten. Zwiebeln, 500 ml Wasser und Brühe einrühren und aufkochen. Im vorgeheizten Backofen

(E-Herd: 175 °C/Umluft: 150 °C/Gas: s. Hersteller) offen ca. 45 Minuten schmoren. Fleischtaschen aus dem Fond heben und warm stellen.

4 FÜR DIE SOSSE Schmorfond mit Wein ablöschen und aufkochen. Inzwischen 1 EL Mehl und 5 EL Wasser glatt rühren. In die Soße rühren, nochmals aufkochen und ca. 5 Minuten köcheln. Mit Salz und Pfeffer abschmecken.

5 Fleischtaschen und übrige Pflaumen in der Soße erhitzen. Dazu schmecken gebratene Schupfnudeln.

ZUBEREITUNGSZEIT ca. 1¼ Std.
PORTION ca. 560 kcal
E 34 g · F 32 g · KH 26 g

Allgäuer Kässpatzen

ZUTATEN FÜR 4 PERSONEN

- 300 g Mehl
- 4 Eier (Gr. M)
- Salz Muskat
- 3 Zwiebeln
- 1 EL Butter
- 100 g Allgäuer Emmentaler (Stück)
- 100 g Allgäuer Bergkäse (Stück)
- 1 EL Öl
- Fett für die Form
- ½ Bund Schnittlauch

1 FÜR DEN TEIG Mehl, Eier, 1 TL Salz, etwas Muskat und 3–4 EL Wasser zu einem dickflüssigen Teig verrühren und schlagen, bis er Blasen schlägt. Kurz ruhen lassen.

2 FÜR DIE RÖSTZWIEBELN Zwiebeln schälen und in Ringe schneiden. 1 EL Butter in einer Pfanne erhitzen. Zwiebelringe darin unter Wenden goldbraun braten. Käse reiben.

3 FÜR DIE SPÄTZLE reichlich Salzwasser und Öl aufkochen. Spätzleteig portionsweise auf ein angefeuchtetes Brett streichen. Mit einem langen Messer feine Streifen ins Wasser schaben. Kurz aufkochen und gar ziehen lassen, bis die Spätzle an die Oberfläche steigen. Herausheben, abschrecken und gut abtropfen lassen. Warm stellen.

4 Spätzle und Käse abwechselnd in eine gefettete Auflaufform schichten. Die Röstzwiebeln darauf verteilen. Alles im vorgeheizten Backofen (E-Herd: 200 °C/Umluft: 175 °C/Gas: s. Hersteller) 5–10 Minuten backen, bis der Käse geschmolzen ist.

5 Inzwischen Schnittlauch waschen und fein schneiden. Kässpatzen mit Schnittlauch bestreut anrichten.

ZUBEREITUNGSZEIT ca. 1 Std.
PORTION ca. 630 kcal
E 30 g · F 29 g · KH 58 g

Bauernpfanne mit Steakstreifen

ZUTATEN FÜR 4 PERSONEN

- 750 g große Kartoffeln
- 3 EL Öl ♥ Salz ♥ Pfeffer
- 1 Zwiebel
- 4 Tomaten
- 2 Huftsteaks (à ca. 200 g)
- 5 Eier
- 175 ml Milch
- 50 g Schinkenwürfel

1 Kartoffeln schälen, waschen und in Scheiben schneiden. 2 EL Öl in einer großen Pfanne erhitzen. Kartoffelscheiben darin bei mittlerer Hitze unter Wenden ca. 15 Minuten braten. Mit Salz und Pfeffer würzen.

2 Inzwischen Zwiebel schälen und in feine Würfel schneiden. Tomaten waschen und in Würfel schneiden. Fleisch trocken tupfen und in Streifen schneiden. Eier und Milch verquirlen. Mit Salz und Pfeffer würzen.

3 Kartoffeln herausnehmen. 1 EL Öl in der Pfanne erhitzen. Fleisch darin kurz anbraten. Mit Salz und Pfeffer würzen. Herausnehmen.

4 Zwiebel und Schinkenwürfel im heißen Bratfett andünsten. Kartoffeln, Fleisch und Tomaten unterheben. Mit Salz und Pfeffer würzen. Eier darübergießen und zugedeckt stocken lassen.

ZUBEREITUNGSZEIT ca. 40 Min.
PORTION ca. 690 kcal
E 62 g · F 28 g · KH 42 g

Schäufele mit Kartoffelsalat

ZUTATEN FÜR 8 PERSONEN

- ♥ 2 Möhren ♥ 3 Zwiebeln
- ♥ 1 Schäufele (Schweineschulter mit Knochen; 2–2,5 kg)
- ♥ 4 Gewürznelken
- ♥ 1 TL Wacholderbeeren
- ♥ 2–3 Lorbeerblätter
- ♥ 1 TL schwarze Pfefferkörner
- ♥ 2 kg festkochende Kartoffeln
- ♥ 1 Bund Schnittlauch
- ♥ ca. 8 EL Weißweinessig
- ♥ Zucker ♥ Salz ♥ Pfeffer ♥ 6 EL Öl

1 FÜR DAS SCHÄUFELE Möhren schälen, waschen und vierteln. 2 Zwiebeln schälen und halbieren. Schäufele abspülen. Mit Möhren, Zwiebelhälften und den Gewürzen in einen großen Topf geben und mit 4–5 l kaltem Wasser knapp bedecken. Alles aufkochen und zugedeckt ca. 2½ Stunden köcheln.

2 FÜR DEN SALAT Kartoffeln waschen und zugedeckt ca. 20 Minuten kochen. 1 Zwiebel schälen und fein würfeln. Schnittlauch waschen und in feine Röllchen schneiden. Kartoffeln abschrecken, schälen und heiß in Scheiben schneiden.

3 Ca. 300 ml Fleischbrühe aus dem Topf mit dem Schäufele abschöpfen. Mit Essig, 1 EL Zucker, Zwiebelwürfeln, 1 TL Salz und etwas Pfeffer aufkochen. Öl zufügen. Noch heiß mit Kartoffeln und Schnittlauch mischen. Salat ca. 1 Stunde ziehen lassen.

4 Salat abschmecken, eventuell noch etwas Essig und heiße Brühe untermischen. Schäufele aus der Brühe heben, vom Knochen lösen, in Scheiben schneiden. Mit Kartoffelsalat anrichten. Dazu schmeckt Endiviensalat.

ZUBEREITUNGSZEIT ca. 3 Std. + Wartezeit ca. 1 Std.
PORTION ca. 540 kcal
E 49 g · F 19 g · KH 39 g

DAS SCHÄUFELE

… verdankt seinen Namen der Form des Schulterknochens, die einer Schaufel ähnelt. Die gepökelte, leicht geräucherte Schweineschulter mit Schwarte am besten beim Fleischer vorbestellen.

Schweinshaxen mit Brezenknödeln

ZUTATEN FÜR 4 PERSONEN

- ♥ 1 Bund Suppengrün
- ♥ 4 Zwiebeln ♥ 2 Knoblauchzehen
- ♥ 4 kleine Schweinshaxen (à ca. 400 g)
- ♥ Salz ♥ Pfeffer ♥ gemahlener Kümmel
- ♥ 2–3 EL Butterschmalz
- ♥ 2 TL klare Brühe (instant)
- ♥ 250 g Laugenbrezeln
- ♥ 250 ml Milch
- ♥ 250 ml Bier (z. B. helles Bockbier)
- ♥ 3 EL Mehl
- ♥ 2 Eier (Gr. M) ♥ Muskat

1 FÜR DIE HAXEN Suppengrün putzen bzw. schälen, waschen und grob zerkleinern. 2 Zwiebeln und Knoblauch schälen, würfeln. Haxen abspülen, trocken tupfen und die Schwarte rautenförmig einschneiden. Haxen mit Salz, Pfeffer und Kümmel einreiben.

2 Butterschmalz in einem großen Bräter erhitzen. Haxen darin rundherum anbraten. Suppengrün, Zwiebelwürfel und Knoblauch kurz mitbraten. 500 ml Wasser und Brühe zufügen und aufkochen. Zugedeckt im vorgeheizten Backofen (E-Herd: 200 °C/Umluft: 175 °C/Gas: s. Hersteller) zunächst 1½–1¾ Stunden schmoren.

3 FÜR DIE KNÖDEL 2 Zwiebeln schälen. Zwiebeln und Brezeln fein würfeln. Milch erhitzen. Brezeln und Zwiebeln darin ca. 1 Stunde ziehen lassen.

4 Haxen nach und nach mit Bier übergießen und offen ca. 30 Minuten weiterbraten.

5 FÜR DIE KNÖDEL Brezelmasse mit Mehl und Eiern verkneten. Mit Salz, Pfeffer und Muskat würzen. Aus der Masse 8 Knödel formen. In reichlich siedendem Salzwasser 12–15 Minuten gar ziehen lassen.

6 Haxen auf einen Rost setzen. Unter dem Grill oder im Backofen auf höchster Stufe knusprig braten. Fond samt Gemüse durchs Sieb streichen. Mit Salz und Pfeffer abschmecken. Klöße aus dem Wasser heben. Alles anrichten. Dazu schmeckt Sauerkraut.

ZUBEREITUNGSZEIT ca. 2½ Std.
PORTION ca. 700 kcal
E 57 g · F 30 g · KH 43 g

157

Schwarzwälder Pilzgulasch mit Knöpfle

ZUTATEN FÜR 4 PERSONEN

- 1 kg gemischtes Gulasch
- 100 g Schwarzwälder Schinken
- 400 g gemischte Pilze (z. B. Champignons und Pfifferlinge)
- 3 Zwiebeln ▾ 3 Möhren
- 4 EL Öl ▾ Salz ▾ Pfeffer
- 2 EL Tomatenmark
- 250 ml trockener Rotwein (z. B. Spätburgunder)
- 3 EL Kirschwasser
- 4 TL klare Brühe (instant)
- 2 Lorbeerblätter
- 250 g Spätzlemehl (doppelgriffiges Weizenmehl; Type 405; ersatzweise normales)
- 2 Eier (Gr. M)
- 100 ml Milch
- 5–6 EL Mineralwasser mit Kohlensäure
- 1 Bund Thymian
- 2 EL Butter ▾ 2 EL Speisestärke
- Zucker

1 FÜR DAS GULASCH Fleisch trocken tupfen und kleiner schneiden. Schinken erst in Streifen, dann in Stücke schneiden. Pilze putzen, waschen und je nach Größe halbieren oder vierteln. Zwiebeln schälen und grob würfeln. Möhren schälen, längs halbieren und in Scheiben schneiden.

2 2 EL Öl in einem Bräter erhitzen. Pilze und Möhren darin kräftig anbraten. Mit Salz und Pfeffer würzen. Herausnehmen und beiseitestellen.

3 2 EL Öl im Bratfett erhitzen. Fleisch darin portionsweise rundherum kräftig anbraten. Mit Salz und Pfeffer würzen. Herausnehmen. Zuletzt Schinken, Tomatenmark und Zwiebeln im Bratfett 4–5 Minuten rösten. Mit Wein, Kirschwasser und 1 l Wasser ablöschen. Brühe, Lorbeer und gesamtes Fleisch zufügen und aufkochen. Ca. 1 ½ Stunden zugedeckt garen, eventuell zwischendurch etwas Wasser angießen.

4 FÜR DIE KNÖPFLE Mehl, Eier, Milch, Mineralwasser und ½ TL Salz zu einem zähen Teig verrühren. Ca. 15 Minuten quellen lassen.

5 FÜR DAS GULASCH Thymian waschen, Blättchen abzupfen und hacken. Ca. 30 Minuten vor Ende der Garzeit Möhren, Pilze und Hälfte Thymian zum Fleisch geben und mitgaren.

6 FÜR DIE KNÖPFLE 3 l Salzwasser aufkochen. Teig portionsweise über eine Knöpflereibe ins Wasser geben (oder als Spätzle über ein Brett schaben) und im siedenden Wasser garen, bis sie nach oben steigen. Mit einer Schaumkelle herausnehmen, auf ein geöltes Backblech geben und abkühlen lassen.

7 Butter in einer beschichteten Pfanne erhitzen. Knöpfle darin eventuell in 2 Portionen erhitzen. Mit Salz, Pfeffer und übrigem Thymian würzen.

8 FÜR DAS GULASCH Stärke mit 4–5 EL Wasser glatt rühren. Gulasch damit binden. Mit Salz, Pfeffer und etwas Zucker abschmecken. Alles anrichten. Dazu passt Schmand.

ZUBEREITUNGSZEIT ca. 2 Std.
PORTION ca. 880 kcal
E 79 g · F 29 g · KH 62 g

Zwiebelrostbraten mit Möhrengemüse

ZUTATEN FÜR 4 PERSONEN

- 4–6 Scheiben (à ca. 180 g) Rostbraten (Rumpsteaks)
- Salz ♥ Pfeffer
- ca. 3 EL Mehl
- 2 EL Öl
- 2 TL Tomatenmark
- 1 TL klare Brühe (instant)
- 600 g Möhren
- 400 g Zwiebeln
- 3–4 Stiele Petersilie
- 1–2 EL Butter
- 2 EL dunkler Soßenbinder

1 FÜR DAS FLEISCH Steaks trocken tupfen, mit Salz und Pfeffer würzen und in Mehl wenden. 1 EL Öl in einer großen Pfanne mit Deckel oder in einem Bräter erhitzen. Steaks darin von jeder Seite ca. 2 Minuten anbraten. Tomatenmark kurz mit anschwitzen. 500 ml Wasser und Brühe einrühren. Aufkochen und zugedeckt 30–40 Minuten schmoren.

2 FÜR DAS GEMÜSE Möhren schälen, waschen und in Scheiben schneiden. In wenig kochendem Salzwasser zugedeckt ca. 8 Minuten dünsten.

3 FÜR DIE SOSSE Zwiebeln schälen und in dünne Ringe schneiden. 1 EL Öl in einer Pfanne erhitzen. Zwiebelringe darin goldbraun braten. Mit Salz und Pfeffer würzen.

4 FÜR DAS GEMÜSE Petersilie waschen und fein hacken. Möhren abgießen. Butter und Petersilie zufügen und schwenken.

5 Fleisch herausnehmen. Fond eventuell mit etwas Wasser auffüllen, aufkochen. Soßenbinder einrühren, ca. 1 Minute weiterköcheln. Mit Salz und Pfeffer abschmecken. Alles anrichten. Dazu passen Spätzle.

ZUBEREITUNGSZEIT ca. 1 Std.
PORTION ca. 330 kcal
E 42 g · F 11 g · KH 14 g

159

Semmelschmarrn mit Hollerkompott

ZUTATEN FÜR 4 PERSONEN
- 8 Brötchen (vom Vortag)
- 6 Eier (Gr. M)
- 600 ml Milch ▾ Salz
- 2–3 Äpfel
- 1 Flasche (330 ml) Holundersaft
- 250 ml Apfelsaft
- 1 Päckchen Vanillesoßenpulver (zum Kochen)
- 3–4 EL Zucker
- 5 TL Butter ▾ 1 TL Zimt
- Puderzucker zum Bestäuben

1 FÜR DEN SCHMARRN Brötchen grob würfeln und in eine große Schüssel geben. Eier, Milch und 1 Prise Salz verquirlen. Über die Brötchen gießen. Zugedeckt ca. 1 Stunde einweichen. Dabei ab und zu umrühren.

2 FÜR DAS KOMPOTT Äpfel schälen, vierteln, entkernen und in Spalten schneiden. Gesamten Saft aufkochen. Äpfel darin 2–3 Minuten köcheln, dann herausheben. Saft erneut aufkochen. Soßenpulver und 6 EL Wasser glatt rühren und den Saft damit binden. Mit 1–2 EL Zucker abschmecken. Äpfel wieder zufügen und abkühlen lassen.

3 FÜR DEN SCHMARRN 2 TL Butter in einer ofenfesten großen Pfanne erhitzen. Brötchen darin verteilen und im vorgeheizten Backofen (E-Herd: 200 °C/ Umluft: 175 °C/Gas: s. Hersteller) ca. 20 Minuten backen. Schmarrn mit zwei Gabeln zerzupfen.

4 3 TL Butter in einer Pfanne erhitzen. Schmarrn darin portionsweise goldbraun backen. Warm stellen. Zimt und 2 EL Zucker mischen. Schmarrn mit Zimtzucker und Puderzucker bestäuben. Mit dem Kompott servieren. Dazu schmeckt Schlagsahne.

ZUBEREITUNGSZEIT ca. 50 Min. + Wartezeit ca. 1 Std.
PORTION ca. 780 kcal
E 27 g · F 24 g · KH 109 g

Topfenstrudel mit Rosinen

ZUTATEN FÜR CA. 16 SCHEIBEN

- 1 kg Speisequark (20 % Fett)
- 100 g Rosinen
- 5–6 EL Rum
- 50 g + 2 EL + 125 g Butter
- 250 g Mehl ♥ Salz
- 1 TL Öl
- 1 Vanilleschote
- 150 g Zucker
- 3 Eier (Gr. M)
- Mehl zum Ausrollen
- 4–5 EL Semmelbrösel
- Puderzucker zum Bestäuben
- Backpapier

1 FÜR DIE FÜLLUNG einen Durchschlag oder ein Sieb mit einem Geschirrtuch auslegen. Quark hineingeben und mindestens 4 Stunden, besser über Nacht, abtropfen lassen. Rosinen heiß abspülen und abtropfen lassen. Mit Rum mischen und ca. 1 Stunde einweichen.

2 FÜR DEN STRUDELTEIG 50 g Butter schmelzen. Mehl, 125 ml lauwarmes Wasser, flüssige Butter und 1 Prise Salz mit den Knethaken des Rührgerates zu einem elastischen Teig verarbeiten. Mit den Händen durchkneten und immer wieder auf die Arbeitsplatte schlagen (5–10 Minuten), bis er geschmeidig ist. Zur Kugel formen und mit Öl bestreichen. In eine heiß ausgespülte Schüssel legen und zugedeckt ca. 1 Stunde ruhen lassen.

3 Rosinen eventuell abtropfen lassen. 2 EL Butter schmelzen. Vanilleschote längs aufschneiden und das Mark herauskratzen. Quark auspressen. Mit flüssiger Butter, Vanillemark, Zucker, Eiern und Rosinen verrühren.

4 Ein sauberes Geschirrtuch mit Mehl bestäuben und den Strudelteig so dünn wie möglich darauf zum Rechteck (ca. 30 x 40 cm) ausrollen. Mit beiden Händen unter die Teigplatte gehen und mit den Handrücken den Teig vorsichtig immer dünner ausziehen.

5 125 g Butter schmelzen. Teig dünn mit etwas Butter bestreichen und mit Semmelbröseln bestreuen. Quarkmasse auf eine kurze Teigseite streichen, dabei ca. 2 cm Rand frei lassen. Ränder über die Füllung klappen und dünn mit Butter bestreichen. Von der kurzen Seite her zum Strudel aufrollen und auf ein mit Backpapier ausgelegtes Backblech legen.

6 Die Teigoberseite 5–6 Mal schräg einschneiden. Mit flüssiger Butter bestreichen. Im vorgeheizten Backofen (E-Herd: 200 °C/Umluft: 175 °C/Gas: s. Hersteller) 40–50 Minuten backen. Dabei immer wieder mit der restlichen flüssigen Butter bestreichen. Sofort mit Puderzucker bestäubt servieren. Dazu schmeckt Vanilleeis oder Schlagsahne.

ZUBEREITUNGSZEIT ca. 2 Std. + Wartezeit mind. 4 Std.
SCHEIBE ca. 300 kcal
E 11 g · F 15 g · KH 29 g

Zwetschenknödel mit Bröselbutter

ZUTATEN FÜR 4 PERSONEN

- 50 g + 100 g Butter
- 1 Bio-Zitrone
- 100 ml Milch
- 1 EL + 75 g Zucker
- 10 g frische Hefe
- 250 g Mehl ▾ Salz
- 1 Ei (Gr. M)
- 12 Zwetschen oder Pflaumen
- 12 Stück Würfelzucker
- 1 Zimtstange
- 1 Stück 1 Bio-Orangenschale
- Mehl für die Arbeitsfläche
- 75 g Semmelbrösel
- 2 EL Puderzucker

1 FÜR DEN TEIG 50 g Butter schmelzen und lauwarm abkühlen lassen. Zitrone heiß waschen und trocken reiben. Von der Schale mit einem Sparschäler 1 Stück abschneiden, restliche Schale abreiben. Milch und 1 EL Zucker lauwarm erwärmen. Hefe hineinbröckeln und auflösen.

2 Mehl, 1 Prise Salz, abgeriebene Zitronenschale und Ei in eine große Schüssel geben. Hefemilch und flüssige Butter zufügen und alles mit den Knethaken des Rührgerätes zu einem glatten Teig verkneten. Zugedeckt an einem warmen Ort ca. 45 Minuten gehen lassen.

3 Zwetschen waschen und entsteinen. In jede Zwetsche 1 Stück Würfelzucker geben. Zwetschen wieder zusammendrücken.

4 In einem großen Topf ca. 2 ½ l Wasser, 1 EL Salz, 75 g Zucker, Zimtstange, Zitronen- und Orangenschalestücke erhitzen.

5 Hefeteig nochmals durchkneten. Falls der Teig zu weich ist, noch ein wenig Mehl unterkneten. Auf bemehlter Arbeitsfläche zu einer Rolle formen und in 12 Stücke teilen. Jedes Teigstück flach drücken. Je 1 Zwetsche darauflegen und Teig drumherum zu einem Knödel formen. Knödel in dem siedenden Würzsud zugedeckt ca. 15 Minuten gar ziehen lassen.

6 FÜR DIE BRÖSELBUTTER 100 g Butter schmelzen, Semmelbrösel zufügen und anrösten. Knödel aus dem Sud heben, gut abtropfen lassen und in der heißen Bröselbutter wälzen. Mit Puderzucker bestäuben und sofort servieren. Dazu schmeckt Vanillesoße.

ZUBEREITUNGSZEIT ca. 50 Min. + Gehzeit ca. 45 Min.
PORTION ca. 820 kcal
E 12 g · F 35 g · KH 108 g

Milchreisauflauf mit Zwetschenkompott

ZUTATEN FÜR 4 PERSONEN

- ♥ 500 ml Milch ♥ Salz
- ♥ 125 g Milchreis
- ♥ 3 Eier (Gr. M)
- ♥ 75 g + 50 g + 2 EL Zucker
- ♥ 1 Päckchen Vanillezucker
- ♥ 250 g Magerquark
- ♥ 175 ml Buttermilch
- ♥ 75 g Vollmilchjoghurt
- ♥ Fett für die Form
- ♥ 500 g Zwetschen oder Pflaumen
- ♥ 500 ml Kirschnektar
- ♥ 1 Päckchen Vanillesoßenpulver (zum Kochen)
- ♥ 2 EL Butter ♥ 1 gestrichener TL Zimt

1 FÜR DEN AUFLAUF Milch mit 1 Prise Salz aufkochen. Reis einrühren und bei schwacher Hitze 30–35 Minuten ausquellen lassen, dabei ab und zu umrühren. Milchreis vom Herd ziehen und etwas abkühlen lassen.

2 Eier, 75 g Zucker, Vanillezucker und 1 Prise Salz mit den Schneebesen des Rührgerätes schaumig aufschlagen. Quark, Buttermilch und Joghurt unterrühren. Milchreis darunterrühren. Alles in eine gefettete Auflaufform (ca. 2 l Inhalt) füllen. Auf der unteren Schiene im vorgeheizten Backofen (E-Herd: 175 °C/Umluft: 150 °C/Gas: s. Hersteller) 35–40 Minuten backen.

3 FÜR DAS KOMPOTT Zwetschen waschen, halbieren und entsteinen. 5 EL Kirschnektar, 50 g Zucker und Soßenpulver glatt rühren. Rest Saft in einem Topf aufkochen. Angerührtes Soßenpulver einrühren, aufkochen und ca. 1 Minute köcheln. Zwetschen unterrühren. Abkühlen lassen.

4 2 EL Butter in Flöckchen auf dem Auflauf verteilen und weitere 15 Minuten zu Ende backen. Für den Zimtzucker 2 EL Zucker und Zimt mischen. Auflauf mit Zimtzucker bestreut servieren. Kompott dazu reichen.

ZUBEREITUNGSZEIT ca. 1 ½ Std.
PORTION ca. 690 kcal
E 24 g · F 16 g · KH 108 g

Kaiserschmarrn

ZUTATEN FÜR 4 PERSONEN

- 75 g Rosinen
- 140 g Mehl
- 2 EL + 2 TL Zucker
- Salz
- 400 ml Milch
- 4 Eier (Gr. M)
- 4 EL Butter
- Puderzucker zum Bestäuben

1 FÜR DEN TEIG Rosinen waschen und abtropfen lassen. Mehl, 2 EL Zucker, 1 Prise Salz und Milch mit den Schneebesen des Rührgerätes verrühren. Eier kurz einrühren. Rosinen unterrühren.

2 1 EL Butter in einer großen Pfanne mit Deckel erhitzen. Hälfte Teig hineingeben und mit Deckel bei mittlerer Hitze auf einer Seite goldbraun backen.

3 Pfannkuchen auf einen großen flachen Deckel oder eine runde Platte gleiten lassen, mit der ungebackenen Seite zurück in die Pfanne geben. Kurz anstocken lassen, dann den Teig zerzupfen (s. Tipp). 1 EL Butter zufügen, mit 1 TL Zucker bestreuen und den Schmarrn rundherum weiterbraten. Aus der Pfanne nehmen und im heißen Ofen (ca. 50 °C) warm stellen.

4 Aus dem restlichen Teig auf die gleiche Weise einen weiteren Kaiserschmarrn backen. Kaiserschmarrn dick mit Puderzucker bestäuben. Dazu schmecken Preiselbeeren.

ZUBEREITUNGSZEIT ca. 30 Min.
PORTION ca. 580 kcal
E 20 g · F 23 g · KH 69 g

SCHMARRN RUPFEN

Ist der Teig von beiden Seiten angebraten, wird er mit zwei Pfannenwendern oder Gabeln in kleinere Stücke zerrupft, die dann noch in etwas Butter mit Zucker rundherum goldbraun karamellisiert werden.

Pfitzauf* mit Kirschkompott

ZUTATEN FÜR 8 STÜCK

- 1 Glas (720 ml) Kirschen
- 2 EL (20 g) Speisestärke
- 1 Päckchen Vanillezucker
- 80 g Butter
- 250 g Mehl
- abgeriebene Schale von 1 Bio-Zitrone
- Salz
- 500 ml Milch
- 4 Eier (Gr. M)
- Fett für die Förmchen
- Puderzucker zum Bestäuben

1 FÜR DAS KOMPOTT Kirschen abtropfen lassen, Saft dabei auffangen. Stärke und 4 EL Saft verrühren. Rest Saft und Vanillezucker aufkochen. Stärke einrühren und ca. 1 Minute köcheln. Kirschen unterheben. Abkühlen lassen.

2 FÜR DEN TEIG Butter schmelzen und abkühlen lassen. Mehl, Zitronenschale und 1 Prise Salz in eine Schüssel geben. Nacheinander Milch, Eier und flüssige Butter unter das Mehl rühren und alles zu einem flüssigen Teig verrühren. Ca. 15 Minuten quellen lassen.

3 8 Souffléförmchen oder ofenfeste Tassen (à ca. 200 ml Inhalt) gut fetten und zu ca. ¾ mit dem Teig füllen. Im vorgeheizten Backofen (E-Herd: 200 °C/Umluft: 175 °C/Gas: s. Hersteller) ca. 40 Minuten backen. Damit die Soufflés nicht zusammenfallen, die Ofentür zwischendurch nicht öffnen.

4 Pfitzauf eventuell am Rand mit einem spitzen Messer von den Förmchen lösen und stürzen. Mit Puderzucker bestäuben. Kompott dazu reichen.

ZUBEREITUNGSZEIT ca. 1 ¾ Std.
PORTION ca. 330 kcal
E 9 g · F 14 g · KH 40 g

* Die Soufflés haben ihren Namen vom Aufpfitzen, was im Schwäbischen so viel wie „aufspringen" heißt

Daheim ist's am schönsten

Ein liebevoll gedeckter Tisch, eine hübsche Blumendeko oder eine raffinierte Geschenkverpackung – mit unseren kleinen Dekotipps wird es zu Hause richtig gemütlich

Was ist was auf der Käseplatte?

Dank dieser Deko-Idee erkennt jeder Gast auf den ersten Blick, um welche Käsesorte es sich handelt. Richten Sie den Käse je nach Milchsorte (Kuh, Schaf, Ziege) auf Platten oder Brettchen an und markieren Sie diese mit den jeweiligen Tierfiguren aus dem Spielwarenhandel.

Deckenbeschwerer

Aus brauner Modelliermasse (Bastelladen) eine Rolle formen, dabei die Enden dünn zulaufen lassen. Rolle zur Brezel formen, die Enden andrücken. Die dicke Brezelmitte einschneiden. Weiße und braune Modelliermasse zu Beige mischen und in die Vertiefung drücken. Aus weißer Modelliermasse Kügelchen als Salzkörner daraufdrücken. Nach Herstellerangaben im Backofen trocknen lassen. Einen Magneten mit Heißkleber auf die Rückseite der Brezel kleben. Mit einem zweiten Magneten an der Tischdecke befestigen.

Bestrickend umhüllt

Die Ärmel eines alten Pullovers lassen sich im Nu in eine Flaschenhülle verwandeln. Ärmel abtrennen und an der Schnittkante zunähen. Weinflaschen hineinstellen und die Ärmel am Bündchen zubinden.

Flaschenpost

Überraschen Sie Ihre Gäste mit einem lieben Gruß. Dafür kleine Zettel mit einem netten Spruch beschriften und die Namen auf die Rückseite schreiben. Papier mit dem Namen nach außen aufrollen, in die Fläschchen schieben und verschließen. In einer Schale mit Sand und Muscheln arrangieren.

Leuchtendes Strandgut

Muscheln vom letzten Strandspaziergang oder aus dem Urlaub vorsichtig waschen. Jeweils einen Docht hineinstellen. Wachs (Bastelladen) auflösen, in die Muscheln gießen und erstarren lassen.

Hängende Vasen

Saubere Weinflaschen mit Dekoband verzieren und zum Aufhängen eine Schnur um den Flaschenhals binden. Flaschen z. B. an Äste hängen. Wasser einfüllen und Blumen hineinstecken.

In der Backstube

Kein Wunder, dass es sie immer häufiger auf der Welt gibt, eine German Bakery – sei es in New York, London oder Goa. Die deutsche Backkunst ist legendär und nahezu einzigartig. In jahrhundertealter Tradition entwickelte sich auf diesem Gebiet eine Vielfalt, die ihresgleichen sucht: Brot aus Roggen-, Hafer- oder Weizenmehl, fein gemahlen oder geschrotet, mit frischer Hefe, Trockenhefe, Sauerteig, mit Kruste, Körnern und, und, und.

Doch so, wie ein gutes Brot zum Frühstück gehört, darf hierzulande am Sonntagnachmittag der Kuchen nicht auf dem Kaffeetisch fehlen. Je nach Region verwöhnt man seine Lieben mit Frankfurter Kranz, Dresdner Eierschecke oder gefülltem Butterkuchen. Welch Glück, dass die besten Familienrezepte heute keine Geheimnisse mehr sind …

Müslibrötchen
Rezept auf Seite 170

REZEPT zu Seite 169

Müslibrötchen

ZUTATEN FÜR 15–20 STÜCK

- 400 ml Milch
- ½ Würfel (21 g) Hefe
- 400 g Weizenmehl (Type 405)
- 200 g Roggenmehl (Type 1150)
- ca. 3 TL Salz
- 2 EL Honig
- 150 g Früchtemüsli
  (z. B. mit Haferflocken, Haselnusskernen, getrockneten Aprikosen und Feigen)
- Mehl für die Arbeitsfläche und zum Bestreuen
- Backpapier

1 Milch lauwarm erwärmen. Hefe hineinbröckeln, darin auflösen. Mehl und Salz in einer Schüssel mischen. Hefemilch und Honig zufügen und alles mit den Knethaken des Rührgerätes zu einem weichen Teig verkneten. Zugedeckt an einem warmen Ort zunächst ca. 45 Minuten gehen lassen.

2 Müslimischung unter den Teig kneten. Zugedeckt ca. 15 Minuten an einem warmen Ort gehen lassen.

3 Aus dem Teig auf einer bemehlten Arbeitsfläche nach Belieben 15–20 runde oder längliche Brötchen formen. Auf zwei mit Backpapier ausgelegte Backbleche legen. Brötchen zugedeckt an einem warmen Ort weitere 30–45 Minuten gehen lassen.

4 Brötchen leicht mit Mehl bestreuen. Nacheinander im vorgeheizten Backofen (E-Herd: 225 °C/Umluft: 200 °C/Gas: s. Hersteller) 20–25 Minuten backen. Brötchen auf einem Kuchengitter auskühlen lassen.

ZUBEREITUNGSZEIT ca. 1¼ Std. + Gehzeit ca. 2½ Std.
STÜCK ca. 140 kcal
E 4 g · F 2 g · KH 28 g

Knuspriges Weizenhefebrot

ZUTATEN FÜR CA. 15 SCHEIBEN

- 300 ml lauwarme Milch
- ½ Würfel (21 g) Hefe
- 450 g Mehl
- ½ TL Zucker
- 2 TL Salz
- 2 Eier (Gr. M)
- Mehl für die Arbeitsfläche
- Backpapier

1 Milch lauwarm erwärmen. Hefe hineinbröckeln und auflösen. Mehl, Zucker und Salz in einer Schüssel mischen. 1 Ei und Hefemilch zufügen und alles mit den Knethaken des Rührgerätes erst auf niedriger Stufe, dann auf höchster Stufe ca. 10 Minuten verkneten. Teig zugedeckt an einem warmen Ort ca. 1 Stunde gehen lassen.

2 Teig auf einer bemehlten Arbeitsfläche kräftig durchkneten. Zu einer Kugel formen und auf ein mit Backpapier ausgelegtes Backblech legen. Zugedeckt an einem warmen Ort weitere ca. 30 Minuten gehen lassen.

3 Teigkugel mit einem Messer fächerförmig einschneiden. 1 Ei verquirlen und das Brot damit einstreichen. Im vorgeheizten Backofen (E-Herd: 200 °C/Umluft: 175 °C/Gas: s. Hersteller) 30–35 Minuten backen. Auf einem Kuchengitter auskühlen lassen.

ZUBEREITUNGSZEIT ca. 1 Std. + Gehzeit ca. 1½ Std.
SCHEIBE ca. 130 kcal
E 5 g · F 2 g · KH 22 g

Weizenmischbrot

ZUTATEN FÜR CA. 25 SCHEIBEN

- ½ Würfel (21 g) Hefe
- 400 g Weizenmehl (Type 405)
- 200 g Roggenmehl (Type 1150)
- ca. 3 TL Salz
- 2 EL Olivenöl
- Mehl für die Arbeitsfläche
- Fett und Mehl für die Form

1 Hefe zerbröckeln und in 400 ml lauwarmem Wasser auflösen. Weizen- und
Roggenmehl mit Salz mischen und zum
Hefewasser geben. Öl zufügen und alles
erst mit dem Knethaken des Rührgerätes, dann mit den Händen zum weichen
Teig verkneten. Zugedeckt an einem
warmen Ort ca. 2 Stunden gehen lassen.

2 Teig auf eine bemehlte Arbeitsfläche
geben. Mit den Händen nochmals
durchkneten und zu einem länglichen
Strang (ca. 30 cm lang) formen. Teig
vorsichtig in eine gefettete und mit
Mehl ausgestäubte Kastenform (30 cm
lang; ca. 2 l Inhalt) geben. Zugedeckt
an einem warmen Ort ca. 1 Stunde
gehen lassen.

3 Brot im vorgeheizten Backofen
(E-Herd: 200 °C/Umluft: 175 °C/Gas:
s. Hersteller) 35–40 Minuten backen.
In der Form etwas abkühlen lassen,
dann aus der Form stürzen und vollständig auskühlen lassen.

ZUBEREITUNGSZEIT ca. 1 Std. +
Gehzeit ca. 3 Std.
SCHEIBE ca. 90 kcal
E 2 g · F 1 g · KH 17 g

Rustikales Bierbrot

ZUTATEN FÜR CA. 30 SCHEIBEN

- ♥ 30 g Butter
- ♥ 400 g Weizenmehl (Type 550)
- ♥ 200 g Roggenmehl (Type 815; ersatzweise Type 997)
- ♥ 1 ½ TL Salz
- ♥ ½ Päckchen Trockenhefe
- ♥ 1 Flasche (330 ml) Malzbier
- ♥ 1 EL Honig
- ♥ Mehl für die Arbeitsfläche, Hände und zum Bestäuben
- ♥ evtl. Frischhaltefolie ♥ Backpapier

1 AM VORTAG Butter erhitzen. Weizen- und Roggenmehl mit Salz und Trockenhefe in einer Schüssel mischen. Butter, Bier, Honig und 125 ml Wasser zufügen. Mit den Knethaken des Rührgerätes ca. 5 Minuten zu einem leicht klebrigen, geschmeidigen Teig verkneten. Sollte der Teig zu feucht sein, zusätzlich etwas Mehl unterkneten. Sollte er zu fest sein, etwas Wasser unterrühren. Schüssel mit einem Deckel oder mit Folie verschließen und den Teig im Kühlschrank ca. 12 Stunden gehen lassen.

2 AM NÄCHSTEN TAG Teig mithilfe eines Teigschabers auf eine bemehlte Arbeitsfläche geben. Mit bemehlten Händen umdrehen, zu einem Laib formen (aber nicht mehr durchkneten!) und auf ein mit Backpapier ausgelegtes Backblech legen. Laib mit Mehl bestäuben und auf der Oberfläche mehrmals einschneiden. Zugedeckt an einem warmen Ort 1 ½–2 Stunden gehen lassen.

3 Eine Schale mit Wasser auf den Boden des Backofens stellen. Brot im vorgeheizten Backofen (E-Herd: 200 °C/ Umluft: 175 °C/Gas: s. Hersteller) ca. 45 Minuten backen. Auskühlen lassen.

ZUBEREITUNGSZEIT ca. 1 Std. + Gehzeit 13 ½–14 Std.
SCHEIBE ca. 80 kcal
E 2 g · F 1 g · KH 16 g

Schinkenbrot mit Sonnenblumenkernen

ZUTATEN FÜR CA. 28 SCHEIBEN

- 400 g Roggenmehl (Type 1150)
- 250 g Weizenmehl (Type 405)
- 1 Päckchen Trockenhefe
- 1½ TL Salz
- 1 Päckchen (ca. 15 g) Sauerteigextrakt
- 1 TL Honig
- 150 g Schinkenwürfel
- Fett für die Form
- 100 g Sonnenblumenkerne
- Mehl für die Arbeitsfläche

1 AM VORTAG Roggen- und Weizenmehl, Trockenhefe und Salz in einer Schüssel mischen. Sauerteigextrakt, 450 ml lauwarmes Wasser, Honig und Schinkenwürfel zufügen. Alles zum glatten Teig verkneten. Zugedeckt über Nacht im Kühlschrank gehen lassen.

2 AM NÄCHSTEN TAG eine Kastenform (25 cm lang; ca. 2 l Inhalt) fetten und mit ca. ⅔ der Sonnenblumenkerne ausstreuen. Teig auf einer bemehlten Arbeitsfläche zu einem länglichen Laib formen, in die Form geben. Oberfläche längs einschneiden und mit restlichen Sonnenblumenkernen bestreuen. Laib zugedeckt ca. 30 Minuten gehen lassen.

3 Eine Schale mit Wasser auf den Boden des Backofens stellen. Brot im vorgeheizten Backofen (E-Herd: 200 °C/ Umluft: 175 °C/Gas: s. Hersteller) zunächst ca. 30 Minuten backen. Ofentemperatur auf 175 °C (Umluft: 150 °C/ Gas: s. Hersteller) herunterschalten und das Brot 40–50 Minuten weiterbacken. Auskühlen lassen.

ZUBEREITUNGSZEIT ca. 1½ Std. + Gehzeit ca. 12½ Std.
SCHEIBE ca. 110 kcal
E 4 g · F 2 g · KH 17 g

Dinkel-Möhren-Brot

ZUTATEN FÜR CA. 30 SCHEIBEN
- ♥ 150 g Hirse
- ♥ Salz
- ♥ 300 g Möhren
- ♥ 300 g Dinkelvollkornmehl
- ♥ 200 g Weizenvollkornmehl
- ♥ 1 Würfel (42 g) Hefe
- ♥ Mehl für den Gärkorb
- ♥ Backpapier

1 Hirse, 300 ml Wasser und Salz aufkochen. Vom Herd nehmen und ca. 15 Minuten quellen lassen. Möhren schälen, waschen und fein reiben.

2 Beide Mehlsorten und 2 TL Salz in eine Schüssel geben. Hefe zerbröckeln und in 400 ml lauwarmem Wasser auflösen. Mit Möhren und Hirse zum Mehl geben und alles zu einem glatten Teig verkneten. Teig in einen mit Mehl ausgestäubten Brotgärkorb (ca. 22 cm Ø) geben und ca. 45 Minuten gehen lassen.

3 Brotlaib vorsichtig auf ein mit Backpapier ausgelegtes Backblech stürzen. Im vorgeheizten Backofen (E-Herd: 225 °C/Umluft: 200 °C/Gas: s. Hersteller) 30–40 Minuten backen. Auskühlen lassen.

ZUBEREITUNGSZEIT ca. 50 Min. + Gehzeit ca. 45 Min.
SCHEIBE ca. 70 kcal
E 3 g · F 1 g · KH 14 g

Eberswalder Spritzkuchen

ZUTATEN FÜR CA. 12 STÜCK

- ♥ 250 ml Milch
- ♥ 50 g Butter
- ♥ 1 EL Zucker ♥ Salz
- ♥ abgeriebene Schale von ½ Bio-Zitrone
- ♥ 200 g Mehl
- ♥ 4 Eier (Gr. M)
- ♥ ca. 1 kg weißes Pflanzenfett zum Frittieren
- ♥ Puderzucker zum Bestäuben
- ♥ Backpapier

1 FÜR DEN BRANDTEIG Milch, Butter in Stückchen, Zucker, 1 Prise Salz und Zitronenschale aufkochen. Vom Herd nehmen. Mehl auf einmal zugeben und mit einem Kochlöffel sofort unterrühren. Wieder auf den Herd stellen und so lange rühren, bis sich der Teig als Kloß vom Topfboden löst und sich dort ein weißer Film bildet. Teig ca. 10 Minuten abkühlen lassen. Eier einzeln unterrühren, bis der Teig glänzt und schwer reißend vom Löffel fällt.

2 Frittierfett in einem hohen Topf oder in einer Fritteuse auf ca. 180 °C erhitzen. Backpapier in ca. 12 Quadrate (ca. 10 x 10 cm) schneiden.

3 Teig in einen Spritzbeutel mit großer Sterntülle füllen. Ca. 12 Kreise (à ca. 8 cm Ø) auf das Backpapier spritzen. Jeweils 3–4 Kuchen in das Fett gleiten lassen, dabei das Papier so lange festhalten, bis sich der Teig davon gelöst hat. Spritzkuchen von jeder Seite 2–3 Minuten backen. Herausheben und auf Küchenpapier abtropfen lassen. Mit Puderzucker bestäuben.

ZUBEREITUNGSZEIT ca. 1 Std.
STÜCK ca. 230 kcal
E 5 g · F 15 g · KH 16 g

Frankfurter Kranz

ZUTATEN FÜR CA. 16 STÜCKE

♥ 1 Päckchen Vanillepuddingpulver
♥ 75 g + 200 g Zucker
♥ 100 ml + 400 ml + 5 EL Milch
♥ 150 g + 250 g weiche Butter
♥ 1 Päckchen Vanillezucker ♥ Salz
♥ 4 Eier (Gr. M)
♥ 250 g Mehl
♥ 50 g Speisestärke
♥ ½ Päckchen Backpulver
♥ Fett und Mehl für die Form
♥ 150 g rotes Johannisbeergelee
♥ ca. 50 g Haselnusskrokant
♥ 8 Belegkirschen zum Verzieren
♥ Frischhaltefolie

1 FÜR DIE CREME Puddingpulver, 75 g Zucker und 100 ml Milch glatt rühren. 400 ml Milch aufkochen. Angerührtes Puddingpulver einrühren, unter Rühren ca. 1 Minute köcheln. Pudding in eine Schüssel geben, direkt mit Folie bedecken und abkühlen lassen.

2 FÜR DEN TEIG 150 g Butter, 200 g Zucker, Vanillezucker und 1 Prise Salz mit den Schneebesen des Rührgerätes cremig rühren. Eier einzeln unterrühren. Mehl, Stärke und Backpulver mischen und abwechselnd mit 5 EL Milch unterrühren.

3 Teig in eine gefettete und mit Mehl ausgestäubte Kranzform (22 cm Ø; ca. 1,4 l Inhalt) streichen. Im vorgeheizten Backofen (E-Herd: 175 °C/Umluft: 150 °C/Gas: s. Hersteller) 30–40 Minuten backen. Auskühlen lassen.

4 FÜR DIE CREME 250 g zimmerwarme Butter mit den Schneebesen des Rührgerätes ca. 10 Minuten weißcremig aufschlagen. Pudding esslöffelweise unterrühren.

5 Kuchen zweimal waagerecht durchschneiden. Gelee glatt rühren und auf den unteren Boden streichen. ¼ Creme darauf glatt streichen. 2. Boden darauflegen und mit ¼ Creme bestreichen. 3. Boden als Deckel darauflegen. Etwas Creme in einen Spritzbeutel mit Sterntülle füllen. Kranz rundherum mit restlicher Creme einstreichen. Mit Krokant bestreuen. Rest Creme als Tuffs aufspritzen. Kirschen halbieren und daraufsetzen. Ca. 2 Stunden kalt stellen.

ZUBEREITUNGSZEIT ca. 1 ½ Std. + Wartezeit ca. 3 Std.
STÜCK ca. 410 kcal
E 5 g · F 24 g · KH 43 g

Rheinischer Riemchenkuchen mit Rhabarber und Apfel

ZUTATEN FÜR CA. 12 STÜCKE

- 65 ml Milch ♥ 5 g frische Hefe
- 200 g + 80 g Mehl
- 4 EL + 100 g Zucker ♥ Salz
- 25 g + 40 g Butter ♥ 1 Ei (Gr. M)
- 600 g Rhabarber
- 400 g Äpfel
- 200 ml Apfelsaft
- 4 gestrichene EL Speisestärke
- Mehl für die Arbeitsfläche
- Fett und Mehl für die Form
- 2 EL gemahlene Mandeln
- 2 EL Hagelzucker ♥ Frischhaltefolie

1 FÜR DEN HEFETEIG Milch lauwarm erwärmen. Hefe hineinbröckeln und darin auflösen. 200 g Mehl, 2 EL Zucker und 1 Prise Salz in einer Schüssel mischen. In die Mitte eine Mulde drücken. Hefemilch in die Mulde gießen und mit etwas Mehl vom Rand zum Vorteig verrühren. Zugedeckt an einem warmen Ort ca. 15 Minuten gehen lassen.

2 25 g Butter schmelzen. Mit Ei zum Vorteig geben und alles mit den Knethaken des Rührgerätes glatt verkneten. Teig zugedeckt an einem warmen Ort ca. 45 Minuten gehen lassen.

3 FÜR DEN MÜRBETEIG 80 g Mehl, 40 g Butter und 2 EL Zucker rasch zu einem Mürbeteig verkneten. In Folie wickeln und kalt stellen.

4 FÜR DIE FÜLLUNG Rhabarber putzen, waschen und in kleine Stücke schneiden. Äpfel schälen, vierteln, entkernen und in dünne Scheiben schneiden. 100 g Zucker in einem Topf karamellisieren lassen. Äpfel, Rhabarber und Apfelsaft zufügen und alles aufkochen. Stärke mit 5 EL Wasser glatt rühren. Unter die Früchte rühren, erneut aufkochen und ca. 1 Minute köcheln. Abkühlen lassen.

5 Hefeteig und Mürbeteig mit den Händen gut verkneten. Ca. ¼ Teig (ca. 175 g) abnehmen und beiseitestellen. Übrigen Teig auf gut bemehlter Arbeitsfläche rund (ca. 28 cm Ø) ausrollen. Teig in eine gefettete und mit Mehl ausgestäubte Tarteform mit Hebeboden (24 cm Ø) legen. Am Rand hochziehen und andrücken. Mandeln auf den Tarteboden streuen und das Kompott darauf verteilen.

6 Restlichen Teig zu einem Rechteck (ca. 10 x 24 cm) ausrollen. Mit einem Teigrädchen in 10 lange Streifen (à ca. 1 cm breit) schneiden und als Gitter auf die Früchte legen. Ränder gut andrücken. Das Gitter mit Wasser bestreichen und mit Hagelzucker bestreuen.

7 Kuchen im vorgeheizten Backofen (E-Herd: 200 °C/Umluft: 175 °C/Gas: s. Hersteller) 18–20 Minuten backen. Auskühlen lassen. Dazu schmeckt Schlagsahne.

ZUBEREITUNGSZEIT ca. 1½ Std. + Wartezeit ca. 2 Std.
STÜCK ca. 240 kcal
E 4 g · F 7 g · KH 39 g

Altländer Apfelkuchen

ZUTATEN FÜR CA. 12 STÜCKE

- 100 g Marzipanrohmasse
- 6 Äpfel (à ca. 125 g)
- 4 EL Zitronensaft
- 125 g Butter
- 75 g Zucker
- 1 Päckchen Vanillezucker • Salz
- 2 Eier (Gr. M)
- 200 g Mehl
- ½ Päckchen Backpulver
- Fett und Mehl für die Form
- 4 EL rotes Johannisbeergelee
- 2 EL Mandelblättchen

1 Marzipan grob raspeln. Äpfel schälen, halbieren und entkernen. Die gewölbten Apfelseiten mehrmals mit einem Messer einritzen. Mit Zitronensaft beträufeln.

2 FÜR DEN RÜHRTEIG Butter, Marzipan, Zucker, Vanillezucker und 1 Prise Salz mit den Schneebesen des Rührgerätes cremig rühren. Eier einzeln unterrühren. Mehl und Backpulver mischen, portionsweise unterrühren.

3 Teig in eine gefettete und mit Mehl ausgestäubte Springform (26 cm Ø) streichen. Äpfel mit der gewölbten Seite nach oben in den Teig setzen. Im vorgeheizten Backofen (E-Herd: 175 °C/ Umluft: 150 °C/Gas: s. Hersteller) ca. 45 Minuten backen.

4 Kuchen herausnehmen und auf ein Kuchengitter setzen. Gelee erwärmen und die Äpfel damit einstreichen. Auskühlen lassen.

5 Mandeln in einer Pfanne ohne Fett rösten. Herausnehmen. Kuchen mit Mandeln bestreut servieren. Dazu schmeckt Schlagsahne.

ZUBEREITUNGSZEIT ca. 1 ¼ Std. + Wartezeit ca. 2 Std.
STÜCK ca. 270 kcal
E 4 g · F 14 g · KH 33 g

Schwäbischer Träubleskuchen

ZUTATEN FÜR CA. 16 STÜCKE

- 125 g + 225 g Butter
- 75 g + 200 g + 75 g Zucker
- 250 g + 75 g Mehl
- 6 Eier (Gr. M) ♥ Salz
- Mehl für Hände und Arbeitsfläche
- 225 g gemahlene Mandeln
- 250 g Rote Johannisbeeren
- Fett für die Form
- Frischhaltefolie

1 FÜR DEN MÜRBETEIG 125 g Butter, 75 g Zucker, 250 g Mehl, 1 Ei und 1 Prise Salz zuerst mit den Knethaken des Rührgerätes, dann mit bemehlten Händen zu einem glatten Teig verkneten. Teig auf bemehlter Arbeitsfläche rund (ca. 34 cm Ø) ausrollen. Eine gefettete Springform (26 cm Ø) damit auslegen, am Rand leicht andrücken. Form ca. 30 Minuten kalt stellen.

2 FÜR DIE MANDELCREME 5 Eier trennen, 2 Eiweiß für die Baiserhaube beiseitestellen. 225 g Butter und 200 g Zucker mit den Schneebesen des Rührgerätes cremig rühren. 5 Eigelb einzeln unterrühren. Mandeln und 75 g Mehl mischen und unter die Buttermasse rühren. 3 Eiweiß steif schlagen und unterheben.

3 Beeren waschen und von den Stielen streifen. Beeren vorsichtig unter die Masse heben und in die Form streichen.

4 Träubleskuchen im vorgeheizten Backofen (E-Herd: 175 °C/Umluft: 150 °C/Gas: s. Hersteller) zunächst ca. 45 Minuten backen.

5 FÜR DIE BAISERHAUBE ca. 5 Minuten vor Ende der Backzeit 2 Eiweiß steif schlagen, dabei 75 g Zucker einrieseln lassen und weiterschlagen, bis sich der Zucker gelöst hat. Kuchen aus dem Ofen nehmen. Backofen hochschalten (E-Herd: 200 °C/Umluft: 175 °C/Gas: s. Hersteller). Eischnee locker auf dem Kuchen verteilen und 5–7 Minuten weiterbacken. Auskühlen lassen.

ZUBEREITUNGSZEIT ca. 1 ¼ Std.
STÜCK ca. 440 kcal
E 8 g · F 29 g · KH 38 g

Zwetschenkuchen mit Puddinghaube

ZUTATEN FÜR CA. 16 STÜCKE

- ♥ 250 g + 100 g Mehl
- ♥ ½ Päckchen Backpulver
- ♥ 100 g + 80 g + 80 g Zucker
- ♥ 2 Päckchen Vanillezucker ♥ Salz
- ♥ 6 Eier (Gr. M)
- ♥ 80 g kalte + 80 g weiche Butter
- ♥ 350 ml + 150 ml Milch
- ♥ 1 kg Zwetschen oder Pflaumen
- ♥ abgeriebene Schale von 1 Bio-Zitrone
- ♥ Fett für die Form
- ♥ 2 EL Semmelbrösel
- ♥ Puderzucker zum Bestäuben
- ♥ Frischhaltefolie ♥ Backpapier

1 FÜR DEN KNETTEIG 250 g Mehl, Backpulver, 100 g Zucker, 1 Päckchen Vanillezucker, 1 Prise Salz, 1 Ei und 80 g kalte Butter in Stückchen erst mit den Knethaken des Rührgerätes und dann mit den Händen verkneten. Den Teig in Folie wickeln und ca. 30 Minuten kalt stellen.

2 FÜR DEN PUDDING 350 ml Milch aufkochen. 100 g Mehl, 80 g Zucker und 150 ml Milch glatt rühren. In die Milch rühren, aufkochen und unter Rühren ca. 1 Minute köcheln. Pudding in eine Schüssel geben, Folie direkt auf den Pudding legen. Auskühlen lassen.

3 Zwetschen waschen, halbieren und entsteinen. 5 Eier trennen. 5 Eigelb, 80 g weiche Butter, 80 g Zucker, 1 Päckchen Vanillezucker und Zitronenschale cremig rühren. Pudding esslöffelweise unterrühren. 5 Eiweiß steif schlagen und unterheben.

4 Mürbeteig auf dem gefetteten Boden einer Springform (26 cm Ø) ausrollen und mit einer Gabel mehrmals einstechen. Formrand darumlegen. Boden mit Semmelbröseln bestreuen. Dicht an dicht mit Zwetschen belegen. Puddingmasse daraufgießen.

5 Im vorgeheizten Backofen (E-Herd: 175 °C/Umluft: 150 °C/Gas: s. Hersteller) ca. 1½ Stunden backen. Nach ca. 1 Stunde mit Backpapier abdecken. Auskühlen lassen.

ZUBEREITUNGSZEIT ca. 2½ Std. + Wartezeit ca. 2 Std.
STÜCK ca. 420 kcal
E 9 g · F 16 g · KH 57 g

Dresdner Eierschecke

ZUTATEN FÜR CA. 24 STÜCKE

- 5 EL + 200 ml + 150 ml Milch
- 1 Päckchen Vanillepuddingpulver
- 30 g frische Hefe
- 375 g Mehl
- 50 g + 200 g + 150 g Zucker ♥ Salz
- 50 g + 200 g weiche Butter
- 9 Eier (Gr. M)
- Fett und Semmelbrösel für die Fettpfanne
- 75 g Sultaninen
- 750 g Magerquark
- 50 g gehackte Mandeln
- 2 Päckchen Vanillezucker

1 5 EL Milch und Puddingpulver glatt rühren. 200 ml Milch aufkochen, Puddingpulver einrühren, ca. 1 Minute unter Rühren köcheln. Auskühlen lassen.

2 FÜR DEN HEFETEIG 150 ml Milch lauwarm erwärmen. Hefe darin auflösen. Mehl, 50 g Zucker, 1 Prise Salz, 50 g Butter, 1 Ei und Hefemilch mit den Knethaken des Rührgerätes verkneten. Teig zugedeckt an einem warmen Ort ca. 45 Minuten gehen lassen.

3 5 Eier trennen. 5 Eiweiß kalt stellen. 200 g Butter und 200 g Zucker mindestens 5 Minuten cremig rühren. Pudding löffelweise unterrühren. 5 Eigelb einzeln unterrühren.

4 Fettpfanne (ca. 32 x 39 cm) fetten und mit Semmelbröseln ausstreuen. Teig durchkneten, auf der Fettpfanne ausrollen und am Rand etwas hochdrücken. Zugedeckt ca. 15 Minuten gehen lassen.

5 Sultaninen heiß waschen und abtropfen lassen. Quark, 3 Eier und 150 g Zucker verrühren. Auf den Teig streichen. Mit Sultaninen und Mandeln bestreuen. 5 Eiweiß steif schlagen, unter die Buttercreme heben. Creme auf die Quarkmasse streichen.

6 Kuchen im vorgeheizten Backofen (E-Herd: 200 °C/Umluft: 175 °C/Gas: s. Hersteller) ca. 10 Minuten backen. Ofen herunterschalten (E-Herd: 175 °C/Umluft: 150 °C/Gas: s. Hersteller) und 30–35 Minuten weiterbacken. Heißen Kuchen mit Vanillezucker bestreuen. Auskühlen lassen.

ZUBEREITUNGSZEIT ca. 1 ¾ Std. + Gehzeit ca. 1 Std.
STÜCK ca. 300 kcal
E 10 g · F 13 g · KH 34 g

Walnusstorte nach Lübecker Art

ZUTATEN FÜR 16 STÜCKE
- 4 Eier (Gr. M) ♥ Salz
- 100 g + 2 EL Zucker
- 2 Päckchen Vanillezucker
- 125 g Mehl ♥ 1 TL Backpulver
- 200 g Walnusskerne + 16 Hälften zum Verzieren
- 2 Päckchen Sahnesteif
- 850 g Schlagsahne
- 150 g + 150 g + 3 EL Himbeerkonfitüre
- 1 Packung (300 g) Marzipandecke
- Backpapier

1 FÜR DEN BISKUIT Eier trennen. Eiweiß, 3 EL Wasser und 1 Prise Salz mit den Schneebesen des Rührgerätes steif schlagen. 100 g Zucker und 1 Päckchen Vanillezucker dabei einrieseln lassen.

Eigelb einzeln unterrühren. Mehl und Backpulver mischen, auf die Eimasse sieben und zügig unterheben.

2 Masse in eine am Boden mit Backpapier ausgelegte Springform (26 cm Ø) streichen. Im vorgeheizten Backofen (E-Herd: 200 °C/Umluft: 175 °C/Gas: s. Hersteller) 20–25 Minuten backen. Auskühlen lassen.

3 FÜR DIE NUSSSAHNE 200 g Nüsse im Universalzerkleinerer fein mahlen. 2 EL Zucker, 1 Päckchen Vanillezucker und Sahnesteif mischen. 750 g Sahne in 2 Portionen steif schlagen, dabei jeweils Hälfte Zuckermischung einrieseln lassen. Nüsse unterheben.

4 Biskuit zweimal waagerecht durchschneiden. 150 g Konfitüre auf den unteren Boden streichen. ⅓ Sahne vorsichtig darauf verteilen. Mittleren Boden daraufsetzen. Ebenfalls erst mit 150 g Konfitüre, dann mit ⅓ Sahne

bestreichen. Oberen Boden daraufsetzen. Torte mit der restlichen Sahne rundherum einstreichen. Ca. 20 Minuten kalt stellen.

5 Marzipandecke auf die Torte legen und an den Seiten gut andrücken. Überstehendes Marzipan abschneiden und verkneten. Zu einem langen Strang (ca. 80 cm) formen und an den unteren Rand der Torte drücken.

6 3 EL Konfitüre in einem kleinen Topf erwärmen, durch ein Sieb streichen und abkühlen lassen. 100 g Sahne steif schlagen. In einen Spritzbeutel mit Sterntülle füllen und 16 Tuffs auf die Torte spritzen. Jeweils etwas Konfitüre auf die Sahnetuffs geben. Darauf je 1 Nusshälfte setzen.

ZUBEREITUNGSZEIT ca. 1 Std. + Wartezeit ca. 2 Std.
STÜCK ca. 500 kcal
E 7 g · F 31 g · KH 46 g

Berliner Pfannkuchen

ZUTATEN FÜR CA. 16 STÜCK

♥ 500 g Mehl
♥ 50 g + 4–5 EL Zucker ♥ Salz
♥ 150 ml Milch
♥ 1 Würfel (42 g) Hefe
♥ 100 g Butter
♥ 2 Eier (Gr. M)
♥ Mehl für die Arbeitsfläche
♥ ca. 1 l Öl zum Frittieren
♥ ca. 200 g rote Konfitüre

1   Mehl, 50 g Zucker und 1 Prise Salz in eine Schüssel geben, in die Mitte eine Mulde drücken. Milch und 1 EL Zucker erwärmen. Hefe hineinbröckeln, auflösen. Hefemilch in die Mulde gießen, mit etwas Mehl vom Rand zum Vorteig verrühren. Zugedeckt an einem warmen Ort ca. 15 Minuten gehen lassen.

2   Butter schmelzen, etwas abkühlen lassen. Mit Eiern zum Vorteig geben. Alles mit den Knethaken des Rührgerätes zu einem glatten Teig verkneten. Zugedeckt an einem warmen Ort ca. 45 Minuten gehen lassen.

3   Teig auf etwas Mehl nochmals durchkneten und zu einer Rolle formen. In ca. 16 Scheiben schneiden und jede zur Kugel formen. Zugedeckt an einem warmen Ort weitere ca. 15 Minuten gehen lassen.

4   Öl in der Fritteuse oder einem Topf auf 180 °C erhitzen. Teigkugeln darin portionsweise von jeder Seite 3–4 Minuten backen. Berliner mit einer Schaumkelle herausnehmen und auf Küchenpapier abtropfen lassen. In 3–4 EL Zucker wenden.

5   FÜR DIE FÜLLUNG Konfitüre erwärmen und eventuell durch ein Sieb streichen. In einen Spritzbeutel mit extralanger Tülle geben und seitlich in die Berliner spritzen. Auskühlen lassen.

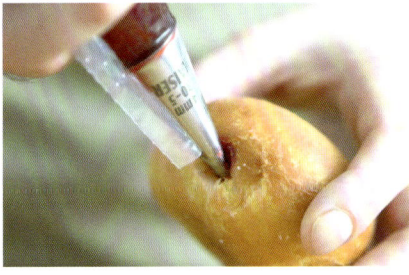

ZUBEREITUNGSZEIT ca. 1 Std. + Gehzeit ca. 1 ¼ Std.
STÜCK ca. 270 kcal
E 5 g · F 10 g · KH 37 g

Gefüllter Butterkuchen

ZUTATEN FÜR CA. 36 STÜCKE

- ♥ 700 ml + 100 ml + 500 ml Milch
- ♥ 2 Päckchen Vanillepuddingpulver
- ♥ 8 EL + 150 g + 75 g Zucker
- ♥ 6 EL Mandellikör
- ♥ 175 g + 125 g kalte Butter
- ♥ 1 ½ Würfel (à 42 g) Hefe
- ♥ 750 g Mehl
- ♥ 2 Päckchen Vanillezucker ♥ Salz
- ♥ 1 Ei (Gr. M)
- ♥ Mehl für die Arbeitsfläche
- ♥ Fett für Fettpfanne
- ♥ 100 g Mandelblättchen
- ♥ 250 g Schlagsahne
- ♥ extrastarke Alufolie

1 FÜR DIE FÜLLUNG 700 ml Milch aufkochen. Puddingpulver, 8 EL Zucker und 100 ml Milch glatt rühren. In die heiße Milch rühren, erneut aufkochen und unter Rühren ca. 1 Minute köcheln. Likör unterrühren. Pudding auskühlen lassen, dabei ab und zu umrühren, damit sich keine Haut bildet.

2 FÜR DEN HEFETEIG 175 g Butter schmelzen und lauwarm abkühlen lassen. 500 ml Milch lauwarm erwärmen. Hefe hineinbröckeln und auflösen. Mehl, 150 g Zucker, Vanillezucker, 1 Prise Salz, Ei, flüssige Butter und Hefemilch in einer Schüssel mit den Knethaken des Rührgerätes zu einem glatten Teig verkneten. Zugedeckt an einem warmen Ort ca. 30 Minuten gehen lassen.

3 Teig auf etwas Mehl nochmals durchkneten und auf der gefetteten Fettpfanne (ca. 32 x 39 cm) ausrollen. Zugedeckt an einem warmen Ort ca. 30 Minuten gehen lassen.

4 125 g kalte Butter in kleine Würfel schneiden und gleichmäßig verteilt in den Teig drücken. Mit Mandelblättchen und 75 g Zucker bestreuen. Im vorgeheizten Ofen (E-Herd: 175 °C/Umluft: 150 °C/Gas: s. Hersteller) 25–30 Minuten backen. Auskühlen lassen.

5 FÜR DIE FÜLLUNG Sahne steif schlagen. Pudding glatt rühren und die Sahne unterheben. Kuchen quer halbieren und beide Platten waagerecht durchschneiden. Um die unteren Böden eine Schiene aus mehrfach gefalteter Alufolie legen. Puddingcreme gleichmäßig auf beiden Böden streichen. Obere Böden darauflegen und leicht andrücken. Am besten mit einem elektrischen Messer in Stücke schneiden.

ZUBEREITUNGSZEIT ca. 1 ½ Std. + Wartezeit ca. 2 Std.
STÜCK ca. 250 kcal
E 5 g · F 12 g · KH 29 g

Schwarzwälder Kirschtorte

ZUTATEN FÜR 12 STÜCKE

♥ 3 Eier (Gr. M) ♥ Salz
♥ 100 g + 1 EL Zucker
♥ 2 Päckchen Vanillezucker
♥ 75 g Mehl ♥ 2 TL Backpulver
♥ 25 g + 35 g Speisestärke
♥ 2 EL Kakao
♥ 1 Glas (720 ml) Kirschen
♥ 250 g + 550 g Schlagsahne
♥ 1 Päckchen Sahnesteif
♥ 150 g Zartbitter-Schokoladenraspel
♥ 2 EL Kirschgelee ♥ Backpapier

1 FÜR DEN BISKUIT Eier trennen. Eiweiß mit 3 EL kaltem Wasser und 1 Prise Salz steif schlagen. 100 g Zucker und 1 Päckchen Vanillezucker dabei einrieseln lassen. Eigelb einzeln unterschlagen. Mehl, Backpulver, 25 g Stärke und Kakao mischen. Auf die Eimasse sieben und unterheben.

2 Masse in eine am Boden mit Backpapier ausgelegte Springform (26 cm Ø) streichen. Im vorgeheizten Backofen (E-Herd: 175 °C/Umluft: 150 °C/Gas: s. Hersteller) 15–20 Minuten backen. Auskühlen lassen.

3 FÜR DAS KOMPOTT Kirschen abtropfen lassen und den Saft dabei auffangen. 12 schöne Kirschen für die Verzierung beiseitelegen. 100 ml Saft und 35 g Stärke glatt rühren. Rest Saft im Topf aufkochen. Angerührte Stärke einrühren, erneut aufkochen, unter Rühren ca. 1 Minute köcheln. Kirschen unterheben.

4 Biskuit waagerecht halbieren. Um den unteren Boden einen Tortenring legen. Kompott auf den unteren Boden streichen. Auskühlen lassen.

5 250 g Sahne steif schlagen, dabei Sahnesteif und 1 Päckchen Vanillezucker einrieseln lassen. Sahne auf die Kirschen streichen. Oberen Boden darauflegen und leicht andrücken. Torte ca. 30 Minuten kalt stellen.

6 550 g Sahne und 1 EL Zucker steif schlagen. Knapp 250 g Sahne in einen Spritzbeutel mit großer Sterntülle füllen. Tortenring entfernen. Torte mit übriger Sahne rundherum einstreichen. Ca. ⅔ Schokoraspel an den Rand drücken. 12 dicke Sahnetuffs auf die Torte spritzen. Kirschen auf die Tuffs geben.

7 Kirschgelee leicht erwärmen, glatt rühren und auf die Sahnetuffs träufeln. Übrige Schokoladenraspel mittig auf die Torte streuen.

ZUBEREITUNGSZEIT ca. 1 ½ Std. + Wartezeit ca. 3 Std.
STÜCK ca. 430 kcal
E 6 g · F 27 g · KH 40 g

185

Käsekuchen mit Marzipanguss und Himbeersoße

ZUTATEN FÜR CA. 16 STÜCKE

- 75 g Butter
- Fett und Semmelbrösel für die Form
- 7 Eier (Gr. M)
- 500 g Magerquark
- 500 g Sahnequark
- 250 g + 3 EL Zucker
- 2 Päckchen Vanillepuddingpulver ♥ Salz
- 200 g kalte Marzipanrohmasse
- 100 g Schmand
- 500 g TK-Himbeeren
- 2 EL Puderzucker zum Bestäuben

1 FÜR DIE KÄSEMASSE 75 g Butter schmelzen und etwas abkühlen lassen. Eine Springform (26 cm Ø) fetten und mit Semmelbröseln ausstreuen. 6 Eier trennen. 6 Eigelb mit gesamtem Quark, 250 g Zucker und Puddingpulver verrühren. Flüssige Butter unterrühren. 6 Eiweiß und 1 Prise Salz steif schlagen. In 2–3 Portionen unter die Käsemasse heben. Masse in die vorbereitete Form füllen und glatt streichen. Auf der unteren Schiene im vorgeheizten Backofen (E-Herd: 175 °C/Umluft: 150 °C/Gas: s. Hersteller) ca. 1 Stunde backen.

2 FÜR DEN MARZIPANGUSS Marzipan grob raspeln. Mit 1 Ei mit den Schneebesen des Rührgerätes glatt rühren. Schmand unterrühren. Nach ca. 30 Minuten Backzeit die Marzipancreme vorsichtig auf dem Kuchen verteilen. Zu Ende backen.

3 Käsekuchen erst ca. 15 Minuten bei leicht geöffneter Ofentür im Ofen abkühlen lassen. Herausnehmen. Mit einem Messer den Kuchen vorsichtig vom Formrand lösen. Kuchen auskühlen lassen.

4 FÜR DIE HIMBEERSOSSE gefrorene Himbeeren mit 3 EL Zucker bestreuen und bei Zimmertemperatur auftauen lassen. Hälfte Himbeeren pürieren und durch ein Sieb streichen. Himbeermark mit restlichen Himbeeren mischen. Kuchen mit Puderzucker bestäuben und mit Himbeersoße servieren.

ZUBEREITUNGSZEIT ca. 1 ½ Std.
STÜCK ca. 340 kcal
E 13 g · F 16 g · KH 34 g

FEINE MARZIPANSCHICHT
Die Marzipan-Schmand-Creme mit einem Esslöffel vorsichtig auf der Oberfläche des Kuchens verteilen. Dabei am Rand ca. 1 cm frei lassen, damit die Creme beim Aufgehen der Käsemasse nicht überläuft.

Erzgebirgischer Weihnachtsstollen

ZUTATEN FÜR 2 STOLLEN (À CA. 26 SCHEIBEN)
- ♥ 250 ml + 5 EL Milch
- ♥ 2 Würfel (à 42 g) Hefe
- ♥ 1 kg Mehl
- ♥ 500 g Rosinen ♥ 4 EL Rum
- ♥ 200 g Mandelkerne (ohne Haut)
- ♥ 150 g Zitronat ♥ 50 g Orangeat
- ♥ 200 g + 100 g + 100 g Zucker ♥ 3 TL Salz
- ♥ abgeriebene Schale von 1 Bio-Zitrone
- ♥ ½ Fläschchen Bittermandelaroma
- ♥ 500 g weiche + 250 g Butter
- ♥ Mehl für die Arbeitsfläche
- ♥ 75 g Puderzucker ♥ Backpapier

1 250 ml Milch lauwarm erwärmen. Hefe hineinbröckeln und auflösen. Mehl in eine große Schüssel geben, in die Mitte eine Mulde drücken. Hefemilch hineingießen und mit etwas Mehl vom Rand zu einem Vorteig verrühren. Zugedeckt an einem warmen Ort ca. 30 Minuten ruhen lassen.

2 Rosinen heiß abspülen, abtropfen lassen und mit Rum beträufeln. 5 EL Milch erwärmen. Mandeln grob hacken und in die warme Milch geben. Beides beiseitestellen.

3 Zitronat und Orangeat fein hacken. Mit Mandeln samt Milch, 200 g Zucker, Salz, Zitronenschale, Aroma und 500 g Butter in Stückchen zum Vorteig geben. Alles zum glatten Teig verkneten (am besten mit der Küchenmaschine). Rosinen zuletzt mit den Händen unterkneten. Teig am warmen Ort zugedeckt ca. 2 Stunden gehen lassen.

4 Teig auf etwas Mehl nochmals durchkneten und eventuell ⅕ Teig für den Stollenkuchen (s. rechts) abteilen. Stollenteig halbieren und zu 2 ovalen Laiben formen. Nebeneinander auf ein mit Backpapier ausgelegtes Backblech setzen und längs einschneiden. Im vorgeheizten Ofen (E-Herd: 175 °C/ Umluft: 150 °C/Gas: s. Hersteller) ca. 1 Stunde (oder s. Tipp) backen.

5 250 g Butter schmelzen. Stollen sofort mit ca. ⅓ Butter bestreichen, mit 100 g Zucker bestreuen. Vorgang mit ca. ⅓ Butter und 100 g Zucker wiederholen. Rest Butter daraufstreichen, dick mit Puderzucker bestäuben. Auskühlen lassen. Vor dem Verzehr gut verpackt mindestens 2 Wochen kühl und trocken durchziehen lassen.

ZUBEREITUNGSZEIT ca. 2 Std. +
Gehzeit ca. 2 ½ Std.
SCHEIBE ca. 280 kcal
E 3 g · F 15 g · KH 32 g

♥ Stollenkuchen

ZUTATEN FÜR CA. 12 STÜCKE
- ♥ 100 g Kartoffeln
- ♥ ca. ⅕ Stollenteig (s. links)
- ♥ Fett für die Form
- ♥ 75 g Butter
- ♥ 100 g Zucker

1 Kartoffeln waschen, ca. 20 Minuten kochen. Abschrecken, schälen und auskühlen lassen.

2 Kartoffeln zerdrücken oder fein reiben. Unter den Stollenteig kneten. Eine Springform (26 cm Ø) fetten. Teig hineingeben und mit den Händen flach drücken. Butter schmelzen. Kuchen damit bestreichen und mit Zucker bestreuen. Im vorgeheizten Backofen (E-Herd: 200 °C/Umluft: 175 °C/Gas: s. Hersteller) 20–25 Minuten backen. Auskühlen lassen.

ZUBEREITUNGSZEIT ca. 1 Std.
STÜCK ca. 280 kcal
E 3 g · F 14 g · KH 33 g

BACKZEIT

Wenn Sie Teig für den Stollenkuchen abnehmen, verkürzt sich die Backzeit für die Stollen auf ca. 50 Minuten.